Pawchinsky (Pawczynsky) Genealogy

≪ ● ≫

RusGenProject • 2010

Moscow • London • Washington • Hong Kong • New Delhi

Генеалогия Павчинских

« • »

РусГенПроект • 2010

Москва • Лондон • Вашингтон • Гонконг • Нью-Дели

УДК 929.52
ББК 63.2

Ч-30 Чащ

Чащин, К.

Ч-30   Генеалогия Павчинских. / Кирилл Чащин. – Вашингтон, РусГенПроект, 2010. –
102 с., 2 илл. – ISBN 978-0-9844227-2-2

Настоящая работа описывает результаты изучения истории семьи Павчинских (Pawczynski), происходящих из мелкопоместных польских шляхтичей, по
воле судьбы живших и работавших в течение последних двух с половиной веков
на юге России, на Украине, в Сибири и в Шанхае. Книга может быть интересна
специалистам по генеалогии и истории.

RusGenProject.com,
Division of South Eastern Projects Management Company Limited
Washington D.C. • London • Moscow • Hong Kong • New Delhi

PO Box 96503 #36982
Washington, DC 20090-6503 USA

For more information e-mail info@rusgenproject.com
or visit our website www.RusGenProject.com

Technical Editor O. Balyura
Book design by B.B.Opastny

Printed in United States of America

First Edition: December 2010
ISBN 978-0-9844227-0-8 (Russian Language Edition)

Оглавление

Благодарности

Прежде всего мне хотелось бы поблагодарить семейство Павчинских за возможность проделать это скромное историческое исследование.

Автору и составителю данной книги хотелось бы сказать спасибо:

Сотрудникам Российского Государственного Исторического Архива (Санкт-Петербург), Государственного Архива Новосибирской области, Государственного архива Иркутской области, Государственного Архива Житомирской области, Филиалов Государственного Архива Одесской области в гг. Измаил и Белгород-Днестровский (б. Аккерман), сотрудникам архивов Омского, Алтайского и Новосибирского отделений Западно-Сибирской железной дороги, сотрудникам отдела русского зарубежья РГБ, сотрудникам библиографического отдела Исторической библиотеки, Дома Русского Зарубежья им. Солженицына, сотрудникам National Archives and Record Administration (College Park, MD, USA), сотрудникам библиотеки Зикавей в Шанхае и Шанхайского Муниципального архива, Российскому консульству и Российскому клубу в Шанхае, руководству Омского Кадетского корпуса, а также лично:

гг. Robert Bickers, Henry Hong, Tess Johnston, Li Lifan, Rebecca Livingston, Derek Sandhaus, Балюре О., Басаеву В.Р., Баснар В.М., Гурковскому В.А., Ван Джи Чен, Дроздову М., Извозчикову С.Б., Ковалевич А., Рыжак Н.В., Соколовой С.С., Шароновой В.Г., Шаронову А.А.

А также окружающим, с пониманием относившимся к тяжелой работе исторического детектива.

Хотелось бы сказать, что все открытия, описанные в этой книге, сделаны благодаря архивам, исследователям и родственникам, а все ошибки и неточности, которые я не смог или не успел исправить, остаются исключительно на моей совести.

Просьбы о внесении изменений и уточнений в данные могут быть направлены автору по электронной почте kir@rusgenproject.com.

К. Чащин

Введение

Настоящая работа описывает результаты изучения истории семьи Павчинских (Pawczynsky), происходящих из мелкопоместных польских шляхтичей, по воле судьбы живших и работавших в течение последних двух с половиной веков на юге России, на Украине, в Сибири и в Шанхае.

Исследования проводились в архивах и библиотеках Москвы, Санкт-Петербурга, Киева, Житомира, Одесской области, Новосибирска, Иркутска, Шанхая и Вашингтона в течение 2010 года.

Копии найденных в процессе поисков документов приводятся в отдельном издании «Генеалогия Павчинских. Коллекция исторических материалов» с соответствующими ссылками из текста.

Даты до 1917 г. приведены по старому стилю. Административно-территориальная принадлежность населенных пунктов указана на дату события и к современному виду не приводилась.

Генеалогическое дерево потомков Гаспера (Ивана) Павчинского

1-Гаспер(Иван) Павчинский (род. до 1714-)
+Анна Павчинская (род. до 1714-)
.... 2-Шимон (Симеон) сын Гаспера Павчинский (1734-)
.... +Марианна Павчинская (род. до 1757-)
.... 3-Иосиф сын Шимона (Симеона) Павчинский (1772-)
.... +Мария (Марианна) Островская Павчинская (~1779-)
.... 4-Иван Иосифов Павчинский (-)
.... 4-Степан Иосифов Павчинский (1803-)
.... 4-Михаил Иосифов Павчинский (1810-)
.... 5-Иустин Михайлович Павчинский (~1830-)
.... +Анна Эразмовна (- ум. ~1906-1907)
.... 6-Михаил Иустинович Павчинский (~1868-28/01/1938)
.... +Мария Ивановна Павчинская (род. до 1878-)
.... 7-Петр Михайлович Павчинский (2/02/1905-28/02/1943)
.... +Маргарита Михайловна Чичарова (15/03/1916-)
.... 8-Михаил Петрович Павчинский (4/10/1942-)
.... 9-Наталья Михайловна Павчинская (16/12/1969-)
.... +Евгений Александрович Туголуков (14/05/1970-)
.... 7-Павел Михайлович Павчинский (30/06/1903-ум. после 1980)
.... +Антонина Харитоновна Павчинская (-)
.... 8-Ольга Павловна Павчинская (-)
.... +Николай Яковлевич Папулов (-)
.... 9-Александр Николаевич Папулов (-)
.... 9-Константин Николаевич Папулов (-)
.... 8-Эльвира Павловна Павчинская (-)
.... +Александр Монастырский (-)
.... 9-Мария Александровна Монастырская (-)
.... 8-Светлана Павловна Павчинская (-)
.... +Борис Ефимович Извозчиков (-)
.... 9-Сергей Борисович Извозчиков (23/06/1963-)
.... 7-Анна Михайловна Павчинская (-)
.... +Александр Григорьевич Тынкевич (-)
.... 8-Генрих Александрович Тынкевич (-)
.... +Валентина Васильевна Тынкевич (-)
.... 9-Валерий Генрихович Тынкевич (-)
.... +Наталья (-)
.... 10-Ольга Валерьевна Тынкевич (-)

. . . . 9-Елена Генриховна Тынкевич (-)

. . . . 8-Рахиль Александровна Тынкевич (-)

. . . . 9-Владимир (-)

. . . . 7-Виктор Михайлович Павчинский (~ 1897-не ранее 3/04/1933)

. . . . +Анна Николаевна Власова (-)

. . . . 8-Михаил Викторович Павчинский (~1923-21/4/1944)

. . . . 7-Мария Михайловна Павчинская (-)

. . . . +Иван Литкевич (-)

. . . . 8-Александра Ивановна Литкевич (-)

. . . . 7-Клавдия Михайловна Павчинская (-)

. . . . +Константин Карлович Мейер (-)

. . . . 8-Любовь Константиновна Мейер (-)

. . . . +Виктор Двоеглазов (-)

. . . . 9-Надежда Викторовна Двоеглазова (-)

. . . . 7-Александр Михайлович Павчинский (26/01/1895-)

. . . . +Мария Ивановна Мусатова (-)

. . . . 8-Наталья Александровна Павчинская (-)

. . . . 8-Борис Александрович Павчинский (-)

. . . . +Евдокия (-)

. . . . 9-Елена Борисовна Павчинская (-)

. . . . 10-Павел (-)

. . . . 9-Сергей Борисович Павчинский (-)

. . . . 6-Эразм Иустинович Павчинский (род. ~1876- ум. не ранее 1934)

. . . . 7-Людмила Эразмовна Павчинская (-)

. . . . 7-Марина Эразмовна Павчинская (10/09/1932-)

. . . . 8-Юрий (-)

. . . . 7-Сергей Эразмович Павчинский (24/09/1909-13/09/1976)

. . . . 7-Ростислав Эразмович Павчинский (-)

. . . . 8-Борис Ростиславович Павчинский (1930-)

. . . . 9-Елена Борисовна Павчинская (-)

. . . . 6-Петр Иустинович Павчинский (ранее 1880-не ранее 1920)

. . . . +Каролина (-не ранее 1920)

. . . . 7-Вадим Петрович Павчинский (-)

. . . . 7-Елена Петровна Павчинская (-)

. . . . 6-Иустин Иустинович Павчинский (-)

. . . . +Мария (-)

. . . . 7-Зинаида Иустиновна Павчинская (~1900-)

. . . . 7-Ольга Иустиновна Павчинская (~1902-)

. . . . 7-Анна Иустиновна Павчинская (~1904-)

. . . . 7-Сергей Иустинович Павчинский (род. не ранее 1905-)

. . . . 7-Неизвестный Иустинович Павчинский (род. не ранее 1905-)

. . . . 7-Неизвестная Иустиновна Павчинская (род. не ранее 1905-)

. . . . 6-Владимир Иустинович Павчинский (-)

. . . . +Эмма Emma Kiener (29 March 1872-ранее 1924)

. . . . 7-Лев Владимирович Павчинский (~1894-5-10/05/1921)

. . . . +Елизавета (-)

. . . . 8-Ольга Львовна Павчинская (ранее 1919-)

. . . . 7-Юлий Владимирович Павчинский (не ранее 1896-)
. . . . 7-Анатолий Владимирович Павчинский (не ранее 1897-)
. . . . 7-Вера Владимировна Павчинская (~1898-не ранее 1924)
. . . . 7-Евгений Владимирович Павчинский (~1899-не ранее 1924)
. . . . 7-Таисия Владимировна Павчинская (~1900-не ранее 1924)
. . . . 7-Неизв. Владимирович Павчинский (род. до1901-ум. до 1924)
. . . . 7-Надежда Владимировна Павчинская (14/01/1899-)
. . . . 5-Владимир Михайлов Павчинский (14/03/1854-ум. не ранее 1903)
. . . . 6-Петр Владимирович Павчинский (1885-1959)
. . . . 7-Владимир Петрович Павчинский (-)
. . . . 8-Наталья Владимировна Павчинская (-)
. . . . 9-Владимир? Павчинский (-)
. . . . 9-Алексей? Павчинский? (-)
. . . . 8-Евгений Владимирович Павчинский (-)
. . . . 9-Дмитрий Евгеньевич Павчинский (-)
. . . . 7-Сергей Петрович Павчинский (-)
. . . . 8-Юрий Сергеевич Павчинский (-)
. . . . 9-Владимир Юрьевич Павчинский (-)
. . . . 9-Александр Юрьевич Павчинский (-)
. . . . 9-Данил Юрьевич Павчинский (-)
. . . . 8-Андрей Сергеевич Павчинский (-)
. . . . 6-Вадим Владимирович Павчинский (-)
. . . . 7-Вадим Вадимович Павчинский (-)
. . . . 8-Геннадий Вадимович Павчинский (7/08/1939-27/08/1998)
. . . . 9-Вадим Геннадьевич Павчинский (-)
. . . . 6-Николай Владимирович Павчинский (-)
. . . . 6-Владимир Владимирович Павчинский (-)
. . . . 6-Михаил Владимирович Павчинский (-)
. . . . 6-Елизавета Владимировна Павчинская (-)
. . . . 7-Анна (-)
. . . . 7-Ирина (-)
. . . . 5-Александр Михайлов Павчинский (~1830-)
. . . . 6-Вера Александровна Павчинская (не ранее 1850-)
. . . . 6-Александр Александрович Павчинский (- ум. 1978)
. . . . 7-Петр Александрович Павчинский (-)
. . . . 8-Ирина Петровна Павчинская (-)
. . . . 8-Николай Петрович Павчинский (-)
. . . . 7-Ростислав Александрович Павчинский (-)
. . . . 8-Петр Ростиславович Павчинский (-)
. . . . 8-Александр Ростиславович Павчинский (-)
. . . . 6-Константин Александрович Павчинский (-)
. . . . 7-Эдуард Константинович Павчинский (~1872-не ранее 1893)
. . . . 6-Михаил Александрович Павчинский (-)
. . . . 6-Георгий Александрович Павчинский (-)
. . . . 7-Зоя Георгиевна Павчинская (-)
. . . . 6-Кирилл Александрович Павчинский (-)
. . . . 7-Наталья Кирилловна Павчинская (-)

....................7-Светлана Кирилловна Павчинская (-)

..................6-Людмила Александровна Павчинская (-)

..................6-Ксения Александровна Павчинская (-)

................5-Михаил Михайлов Павчинский (~1830-)

..................6-Сверко Михайлов Павчинский (-)

..................6-Павел Михайлович Павчинский (-)

....................7-Светлана Павловна Павчинская (-)

....................7-Эльвира Павловна Павчинская (-)

................5-Анатолий Михайлов Павчинский (~1830-)

................5-Мария Михайлова Павчинская (~1830-)

................5-Неизвестная Михайловна Павчинская (~1830-)

Потомки Гаспера (Ивана) Павчинского

Первое Поколение

1. **Гаспер (Иван) Павчинский**[1] родился не позднее 1714 года. Основатель рода упоминается в деле о дворянстве как под именем Гаспер, так и под именем Иван. Уточнение имени в настоящий момент не представляется возможным.

Гаспер (Иван) Павчинский был женат на Анне. **Анна Павчинская**[2] родилась не позднее 1714 года.

Гаспер (Иван) Павчинский и Анна Павчинская имели следующих детей:

> 2   i.   **Шимон (Симеон) сын Гаспера Павчинский**, 1734 г.р., родился в г. Дрогобыч, Перемышльская земля, Русское воеводство, королевство Польское; женился на Марианне Павчинской.

Второе Поколение

2. **Шимон (Симеон) сын Гаспера Павчинский**[3] (Гаспер (Иван)-1) родился в 1734 году в г Дрогобыче, Перемышльская земля, Русское воеводство, королевство Польское. Крещен в Дрогобычской церкви.

---

1   Дело «О дворянстве Павчинских Подольской губернии» 1837 г. РГИА Ф. 1343, оп. 27, д. 362, лл. 2об, 4, 6, 26. Подробнее см. «Генеалогия Павчинских. Коллекция исторических материалов».

2   Там же, лл. 2об, 4, 8.

3   Там же, лл. 2об, 4, 6, 8, 26.

Шимон (Симеон) сын Гаспера Павчинский был женат на Марианне Павчинской (девичья фамилия неизвестна). **Марианна Павчинская** родилась не позднее 1757 года.

Шимон (Симеон) сын Гаспера Павчинский и Марианна Павчинская имели следующих детей:

> 3   i.   **Иосиф сын Шимона (Симеона) Павчинский**, 1772 г.р., женат на Марии (Марианне) Павчинской, урожденной Островской.

Третье Поколение

3.   **Иосиф сын Шимона (Симеона) Павчинский**[4] (Шимон (Симеон) сын Гаспера-2, Гаспер(Иван)-1) родился в 1772 году в Дунаевце (Дунайгороде) Ушицкого уезда Подольской губернии. Был крещен 12 сентября 1772 года в Дунаевецкой приходской церкви.

Иосиф сын Шимона (Симеона) Павчинский был женат на Марии (Марианне) Островской Павчинской. **Мария (Марианна) Островская Павчинская**[5] родилась около 1779 года.

Иосиф сын Шимона (Симеона) Павчинский and Мария (Марианна) Островская Павчинская имели следующих детей:

> i.   **Иван Иосифов Павчинский**[6], крещен 16 июня 1801 года в Жванчиковской церкви.
>
> ii.   **Степан Иосифов Павчинский**[7], родился в 1803 году. Крещен 3 января 1804 года в Жванчиковской церкви.
>
> 4   iii.   **Михаил Иосифов Павчинский**, родился в 1810 г.

---

4   Там же, лл. 2об, 4, 8, 10, 11, 11б, 15, 26.
5   Там же, лл. 2об, 4, 10, 11, 11б, 15.
6   Там же, лл. 2об, 3, 4об, 10, 15, 26.
7   Там же, лл. 2об, 3, 4об, 11, 26.

Четвертое Поколение

4.   **Михаил Иосифов Павчинский**[8] (Иосиф сын Шимона (Симеона)-3, Шимон (Симеон) сын Гаспера-2, Гаспер(Иван)-1) родился в 1810 году в дер. Жванчик Ушицкого уезда Подольской губернии. Крещен 11 сентября 1810 года в Жванчиковской церкви. В 1836 году, во время его пребывания в должности канцеляриста Подольского Губернского Правления в Житомире им был инициирован запрос в Департамент Герольдии в Санкт-Петербург о выдаче документов о дворянстве семьи (Подробнее см. «Генеалогия Павчинских. Коллекция исторических материалов»). В 1839–1840 гг. был секретарем Земского суда в Брацлаве Подольской губернии[9]. В 1842 г. коллежский регистратор Михаил был приставом 5-го стана на вакансии в Земском суде г. Житомира[10]. В 1843–1844 годах он (по-прежнему в чине коллежского регистратора) был приставом 2-го стана в Земском суде г. Староконстантинов, Волынской губернии[11]. Можно предположить, что переезд М.И. Павчинского из Подольской губернии в Волынскую мог быть связан с решением об отказе в выдаче документов о его дворянском происхождении. В 1845 году он служит приставом 2-го стана в Земском суде в г. Луцк Волынской губернии[12]. В 1847 г. с повышением в чине до губернского секретаря Михаил служит приставом 3-го стана в Земском суде г. Кременец Волынской губернии[13]. В 1849 году с очередным повышением (до чина коллежского секретаря) служит приставом 3-го стана в Земском суде г. Кременец Волынской губернии[14]. В 1861–1862 гг., уже в чине титулярного советника, служит

8   Там же, лл. 2об, 3, 4об, 11б, 26.; Юрий Сергеевич Павчинский, Генеалогическое древо Киевской ветви семьи Павчинских.

9   Адрес-календарь. Общая роспись начальствующих и прочих должностных лиц по всем управлениям в Российской империи (СПб: Имп. Акад. наук, 1839), ч.2, с.424.; Адрес-календарь. Общая роспись начальствующих и прочих должностных лиц по всем управлениям в Российской империи (СПб: Имп. Акад. наук, 1840), ч.2, с.396.

10   Адрес-календарь. Общая роспись начальствующих и прочих должностных лиц по всем управлениям в Российской империи (СПб: Имп. Акад. наук, 1842), ч.2, с. 285 (прибавление).

11   Адрес-календарь. Общая роспись начальствующих и прочих должностных лиц по всем управлениям в Российской империи (СПб: Имп. Акад. наук, 1943), ч.2, с.260. Адрес-календарь. Общая роспись начальствующих и прочих должностных лиц по всем управлениям в Российской империи (СПб: Имп. Акад. наук, 1844), ч.2, с. 218.

12   Адрес-календарь. Общая роспись начальствующих и прочих должностных лиц по всем управлениям в Российской империи (СПб: Имп. Акад. наук, 1845), ч.2, с. 32.

13   Адрес-календарь. Общая роспись начальствующих и прочих должностных лиц по всем управлениям в Российской империи (СПб: Имп. Акад. наук, 1847), ч.2, с. 31.

14   Адрес-календарь. Общая роспись начальствующих и прочих должностных лиц

приставом 1-го стана в Земском суде города Овруч Волынской губернии[15]. В 1861–1862 годах Михаил служит приставом 2-го стана в Земском суде в г. Староконстантинов Волынской губернии. Выходит в отставку с государственной службы не позднее 1866 года в возрасте около 55 лет.

Михаил Иосифов Павчинский был женат и имел следующих детей[16]:

5	i.	**Иустин Михайлов Павчинский**, родился около 1830 г.; женат на Анне Эразмовне.
6	ii.	**Владимир Михайлов Павчинский**, родился 14 марта 1854 г.; скончался не ранее 1903 г.
7	iii.	**Александр Михайлов Павчинский**, родился около 1830 г.
8	iv.	**Михаил Михайлов Павчинский**, родился около 1830 г.
	v.	**Анатолий Михайлов Павчинский** родился около 1830 г.
	vi.	**Мария Михайлова Павчинская** родилась около 1830 г.
	vii.	**Неизвестная Михайловна Павчинская** родилась около 1830 г.

Пятое Поколение

5. **Иустин Михайлов Павчинский**[17] (Михаил Иосифов-4, Иосиф сын Шимона (Симеона)-3, Шимон (Симеон) сын Гаспера-2, Гаспер(Иван)-1) родился не позднее 1830 года.

по всем управлениям в Российской империи (СПб: Имп. Акад. наук, 1849), ч.2, с. 30.

15 Адрес-календарь. Общая роспись начальствующих и прочих должностных лиц по всем управлениям в Российской империи (СПб: Имп. Акад. наук, 1862), ч.2, с. 49.

16 Юрий Сергеевич Павчинский, Генеалогическое древо Киевской ветви семьи Павчинских.

17 Юрий Сергеевич Павчинский, Генеалогическое древо Киевской ветви семьи Павчинских.; Павел Михайлович Павчинский, Генеалогическое древо семьи Павчинских 1980.

Иустин Михайлович Павчинский был женат на Анне Эразмовне (девичья фамилия неизвестна). **Анна Эразмовна** скончалась около 1906-1907 года в Кривощеково (ныне часть Новосибирска).

Иустин Михайлович Павчинский и Анна Эразмовна имели следующих детей:

9   i.   **Михаил Иустинович Павчинский**, родился в 1868 г. в Житомире, Волынской губернии; женат на Марии Ивановне Павчинской, ранее 26 февраля 1895 г.; скончался 28 января 1938 г. в Новосибирскаой области.

10   ii.   **Эразм Иустинович Павчинский**, родился в 1876 г.; скончался после 1934 г.

11   iii.   **Петр Иустинович Павчинский**, родился не позднее 1880 г.; женат на Каролине; скончался не ранее 1920 г.

12   iv.   **Иустин Иустинович Павчинский**, женился на Марии не позднее 1900 г.

13   v.   **Владимир Иустинович Павчинский**, женился на Эмм Emma Kiener, не позднее 1895 г.

6.   **Владимир Михайлов Павчинский**[18] (Михаил Иосифов-4, Иосиф сын Шимона (Симеона)-3, Шимон (Симеон) сын Гаспера-2, Гаспер(Иван)-1) родился 14 марта 1854 года. Он скончался не ранее 1906 г. в возрасте 52 лет.

Павчинский Владимир Михайлович, 14 марта 1854 г.р.

Православный.

Подполковник с 28.11.1903 г.

165 пехотный Луцкий полк[19]

Прапорщик с 21.11.1876 г.

Подпоручик с 29.10.1879 г.

Поручик с 1.1.1885 г.

Штабс-капитан с 15.3.1893 г.

Капитан с 15.3.1900 г.

---

18   Юрий Сергеевич Павчинский, Генеалогическое древо Киевской ветви семьи Павчинских.

19   Место постоянной дислокации 165-го Луцкого пехотного полка – г. Киев.

Гимназия (5 классов), пехотное юнкерское училище. Участвовал в кампании 1877-1878 гг., ранен. Награжден орденом Святой Анны 4й степени за храбрость в 1877 г.[20]

Владимир Михайлов Павчинский был женат и имел следующих детей[21]:

14   i. **Петр Владимирович Павчинский**, родился в 1885 г.; скончался в 1959 г. в Киеве.

15   ii. **Вадим Владимирович Павчинский**.

iii. **Николай Владимирович Павчинский** скончался предположительно в Орше.

iv. **Владимир Владимирович Павчинский** – точная дата рождения и смерти неизвестна.

v. **Михаил Владимирович Павчинский** – точная дата рождения и смерти неизвестна.

16   vi. **Елизавета Владимировна Павчинская**.

7. **Александр Михайлов Павчинский**[22] (Михаил Иосифов-4, Иосиф сын Шимона (Симеона)-3, Шимон (Симеон) сын Гаспера-2, Гаспер(Иван)-1) родился около 1830 г.

Александр Михайлов Павчинский был женат и имел следующих детей[23]:

i. **Вера Александровна Павчинская** родилась не ранее 1850 г.

17   ii. **Александр Александрович Павчинский** скончался в 1978 г. в Париже.

18   iii. **Константин Александрович Павчинский**.

iv. **Михаил Александрович Павчинский** – точная дата рождения и смерти неизвестна.

19   v. **Георгий Александрович Павчинский**.

20   vi. **Кирилл Александрович Павчинский**.

20 Список подполковникам по старшинству Санкт-Петербург, 1905 г.

21 Юрий Сергеевич Павчинский, Генеалогическое древо Киевской ветви семьи Павчинских.

22 Там же.

23 Там же.

vii. **Людмила Александровна Павчинская** – точная дата рождения и смерти неизвестна.

viii. **Ксения Александровна Павчинская** – точная дата рождения и смерти неизвестна.

8. **Михаил Михайлов Павчинский**[24] (Михаил Иосифов-4, Иосиф сын Шимона (Симеона)-3, Шимон (Симеон) сын Гаспера-2, Гаспер(Иван)-1) родился около 1830 г.

Михаил Михайлов Павчинский был женат и имел следующих детей:

i. **Сверко Михайлов Павчинский**[25] – точная дата рождения и смерти неизвестна.

21   ii. **Павел Михайлович Павчинский**.

Шестое Поколение

9. **Михаил Иустинович Павчинский**[26] (Иустин Михайлович-5, Михаил Иосифов-4, Иосиф сын Шимона (Симеона)-3, Шимон (Симеон) сын Гаспера-2, Гаспер(Иван)-1) родился в 1868 году в Житомире. В 1903–1905 гг. работал помощником начальника станции Убинское Сибирской железной дороги[27]. В 1906–1907 гг. он был сотрудником станции Кривощеково[28] (ныне часть Новосибирска). В 1914–1915 гг. Михаил работал начальником станции Кормиловка[29]. В 1918 году был начальником станции Бердск[30]. В

---

24   Там же.

25   Там же.

26   Юрий Сергеевич Павчинский, Генеалогическое древо Киевской ветви семьи Павчинских; Павел Михайлович Павчинский, Генеалогическое древо семьи Павчинских 1980; Павел Михайлович Павчинский, Письмо Павла Михайловича Павчинского своей двоюродной сестре Люмиле Эразмовне; Книга Памяти Новосибирской области.

27   Список служащих Сибирской железной дороги, представляемых к Высочайшим наградам за неучастие в забастовках 1905 г. РГИА Ф.273, оп.2, д. 216, л. 37об.

28   Павел Михайлович Павчинский, Письмо Павла Михайловича Павчинского своей двоюродной сестре Людмиле Эразмовне.

29   Там же.

30   Там же.

1921 работал начальником станции Баюново[31]. Михаил был расстрелян 28 января 1938 года в возрасте 70 лет в Новосибирской области.

> *Родился в 1868 г., г. Житомира; русский; кассир в Ордынской райсберкассе. Арестован 17 декабря 1937 г.*
>
> *Приговорен: Постановлением комиссии НКВД и Прокурора СССР 14 января 1938 г., обв.: по обвинению в "участии в шпионско-диверсионной группе" (ст. 58-6-9-10-11 УК РСФСР). Приговор: к расстрелу Расстрелян 28 января 1938 г. Реабилитирован 25 октября 1957 г.[32]*

По сведениям С.Б. Извозчикова был сослан царем в Сибирь.

Михаил Иустинович Павчинский и Мария Ивановна Павчинская сочетались браком не позднее 26 февраля 1895 года. **Мария Ивановна Павчинская** родилась ранее 1878 года и была второй женой Михаила Иустиновича Павчинского. Данных о первой жене обнаружено не было.

Михаил Иустинович Павчинский и Мария Ивановна Павчинская имели следующих детей:

22   i.   **Петр Михайлович Павчинский** родился 2 февраля 1905 г. в Новониколаевске (ныне Новосибирск); женился на Маргарите Михайловне Чичаровой 28 марта 1942 г. в Шанхае; скончался 28 февраля 1943 г. в Шанхае.

23   ii.   **Павел Михайлович Павчинский** родился 30 июня 1903 г. в с. Дивизия Аккерманского уезда; женился на Антонине Харитоновне Павчинской; скончался не ранее 1980 г. в Москве.

24   iii. **Анна Михайловна Павчинская**, замужем за Александром Григорьевичем Тынкевичем.

25   iv.   **Виктор Михайлович Павчинский**, родился в 1897 году в Аккермане Бессарабской губернии; женился на Анне Николаевне Власовой; скончался не ранее 3 апреля 1933 г.

26   v.   **Мария Михайловна Павчинская**, замужем за Иваном Литкевичем.

---

31   Там же.
32   Книга памяти Новосибирской области.

27   vi. **Клавдия Михайловна Павчинская**, замужем за Константином Карловичем Мейером.

28   vii. **Александр Михайлович Павчинский**, родился 26 января 1895 г. в посаде Шабо Аккерманского уезда Бессарабской Губернии; женат на Марии Ивановне Мусатовой.

10.   **Эразм Иустинович Павчинский**[33] (Иустин Михайлович-5, Михаил Иосифов-4, Иосиф сын Шимона (Симеона)-3, Шимон (Симеон) сын Гаспера-2, Гаспер(Иван)-1) родился в 1876 году. Он скончался после 1934 года в возрасте не менее 58 лет.

> *Печерский (Павчинский) Эразм Иустинович (1876 – после 1934) — журналист — I: 208*[34]

Эразм Иустинович Павчинский был женат и имел следующих детей:

i.   **Людмила Эразмовна Павчинская**[35] – точные даты рождения и смерти неизвестны.

29   ii. **Марина Эразмовна Павчинская**, родилась 10 сентября 1932 г.

iii. **Сергей Эразмович Павчинский**[36] родился 24 сентября 1909 г. в Екатеринославе, ныне Днепропетровске. Скончался 13 сентября 1976 г. в возрасте 66 лет в Москве.

> *Имя ПАВЧИНСКИЙ Сергей Эразмович*
>
> *Сведения о рождении*
>
> *Дата: 24.09.1909*
>
> *Место: Екатеринослав, ныне Днепропетровск, Украина*
>
> *Сведения о смерти*
>
> *Дата: 13.09.1976*

---

33   Юрий Сергеевич Павчинский, Генеалогическое древо Киевской ветви семьи Павчинских;Павел Михайлович Павчинский, Генеалогическое древо семьи Павчинских 1980; Солженицын, Именной указатель к «Архипелагу Гулаг».

34   А.И.Солженицын - Именной указатель к «Архипелагу Гулаг»

35   Юрий Сергеевич Павчинский, Генеалогическое древо Киевской ветви семьи Павчинских.

36   Там же.

Место: Москва, Россия

ПАВЧИНСКИЙ Сергей Эразмович, украинский музыковед. В 1932 г. окончил Московскую консерваторию по классу фортепиано у Г. Р. Гинзбурга. В 1944-1947 гг. учился у М. Ф. Гнесина на теоретико-композиторском факультете Музыкально-педагогического института им. Гнесиных. С 1947 г. редактор, в 1952-1973 гг. старший редактор симфонической и академической редакций Музгиза (с 1964 г. – издательство «Музыка»). Редактор собрания сочинений Н. К. Метнера, академического издания сочинений М. И. Глинки. Ему принадлежат многочисленные переложения для фортепиано в 2 руки, в т. ч. симфоний А. Н. Скрябина, П. И. Чайковского, симфонических поэм Ф. Листа и др.[37]

Павчинский Сергей Эразмович (11(24) IX 1909, Екатеринослав, ныне Днепропетровск - 13 IX 1976, Репино, похоронен в Москве) - сов. музыковед. В 1932 окончил Моск. консерваторию по классу фп. у Г. Р. Гинзбурга. В 1944-47 учился у М. Р. Гнесина на теоретико-композиторском ф-те Муз.-педагогич. ин-та им. Гнесиных. С 1947 редактор, в 1952-73 ст. редактор симф. и академич. редакций Музгиза (с 1964 - изд-во "Музыка"). Ред. собр. соч. Н. К. Метнера, избр. соч. С. С. Прокофьева, академич. издания соч. М. И. Глинки. Ему принадлежат многочисл. переложения для фп. в 2 руки, в т.ч. симфоний А. Н. Скрябина, П. И. Чайковского, симф. поэм Ф. Листа и др.

Сочинения: Руководство по графическому оформлению нотного текста, М., 1959 (совм. с А. Карцевым и Ю. Оленевым), 1973; Некоторые новаторские черты стиля Бетховена, М., 1967; Произведения Скрябина позднего периода, М., 1969; Памяти Николая Сергеевича Жиляева, «СМ», 1970, No 8 (совм. с Ю. Оленевым); Образное содержание и темповая интерпретация некоторых сонат Бетховена, в сб.: Бетховен, вып. 2, М., 1972; Из истории интерпретаций произведений Скрябина, в сб.: Музыкальное исполнительство. Седьмой сб. ст., М., 1972; Симфоническое творчество А. Онеггера, М., 1972; О крупных фортепианных произведениях Скрябина позднего периода, в сб.: А. Н. Скрябин, М., 1973; Читая книгу о Монтеверди, «СМ», 1973, No 12. -- И. М. Ямпольский.[38]

30   iv. **Ростислав Эразмович Павчинский.**

---

37   Справочник http://www.persons-info.com 2009 ООО Издательский дом "Личности". редактор и составитель - Ю.Белецкий.

38   Музыкальная энциклопедия.

11. Петр Иустинович Павчинский[39] (Иустин Михайлович-5, Михаил Иосифов-4, Иосиф сын Шимона (Симеона)-3, Шимон (Симеон) сын Гаспера-2, Гаспер(Иван)-1) родился ранее 1880 года. Скончался не ранее 1920 года.

> *Павчинский Петр Иустинович, капитан, 70-й пехотный Ряжский полк (г. Красник) 18-й пехотной дивизии (г. Люблин).*[40]

> *Сюда к нам приехал дядя Петя с тетей Каролиной (1920 г.). Он работал в г Барнауле в ЧОНе начальником (по перевозке в вагонах арестованных). В ЧОНе секретарем работала полька оказавшаяся шпионкой. В результате дядю Петю отстранили от работы за небдительность и он уехал в Москву. Дядя Петя и мой отец очень хорошо говорили по польски.*[41]

Петр Иустинович Павчинский был женат на Каролине (девичья фамилия неизвестна). Каролина скончалась после 1920 г.

Петр Иустинович Павчинский и Каролина имели следующих детей:

      i. **Вадим Петрович Павчинский**[42] – точные даты рождения и смерти неизвестны.

      ii. **Елена Петровна Павчинская**[43] – точные даты рождения и смерти неизвестны.

12. Иустин Иустинович Павчинский[44] (Иустин Михайлович-5, Михаил Иосифов-4, Иосиф сын Шимона (Симеона)-3, Шимон (Симеон) сын

39   Юрий Сергеевич Павчинский, Генеалогическое древо Киевской ветви семьи Павчинских; Павел Михайлович Павчинский, Генеалогическое древо семьи Павчинских 1980.

40   Общий список офицерским чинам Русской императорской армии Санкт Петербург 1908 г., ст. 256; Общий список офицерским чинам Русской императорской армии Санкт Петербург 1910 г., ст. 261.

41   Павел Михайлович Павчинский, Письмо Павла Михайловича Павчинского своей двоюродной сестре Людмиле Эразмовне.

42   Юрий Сергеевич Павчинский, Генеалогическое древо Киевской ветви семьи Павчинских; Павел Михайлович Павчинский, Генеалогическое древо семьи Павчинских 1980.

43   Там же.

44   Юрий Сергеевич Павчинский, Генеалогическое древо Киевской ветви семьи Павчинских; Павел Михайлович Павчинский, Генеалогическое древо семьи Павчинских 1980: Павел Михайлович Павчинский, Письмо Павла Михайловича Павчинского своей двоюродной сестре Людмиле Эразмовне; Весь Омск. 1912 г.

Гаспера-2, Гаспер(Иван)-1) был в 1903-1905 гг. помощником начальника станции Калачинская Сибирской железной дороги[45]. В 1912 г. он был одним из пяти счетоводов в подразделении по «заготовке, передвижению и расценке товаров» Главной конторы сельско-хозяйственных складов (Любинский проспект, дом Кузьмина). Проживал по Губернаторской ул., д. 31[46].

Если у дяди Володи были в основном сыновья, то у дяди Иустина - дочери. Жили они в Омске, я у них был всего один раз.[47]

Иустин Иустинович Павчинский был женат на Марии (точная дата рождения и смерти и девичья фамилия неизвестны).

Тетя Маруся (жена Иустина) была плохая хозяйка, но гонору у нее было много («я столбовая дворянка»). Всегда у них не хватало денег, хотя дядя Иустин зарабатывал больше чем мой отец.[48]

Иустин Иустинович Павчинский и Мария имели следующих детей[49]:

i. **Зинаида Иустиновна Павчинская** родилась в 1900 г. предположительно в Омске.

ii. **Ольга Иустиновна Павчинская** родилась в 1902 г. предположительно в Омске.

iii. **Анна Иустиновна Павчинская** родилась в 1904 г. предположительно в Омске.

iv. **Сергей Иустинович Павчинский** родился после 1905 г. предположительно в Омске.

v. **Неизвестный Иустинович Павчинский** родился после 1905 г. предположительно в Омске.

---

45 Список служащих Сибирской железной дороги, представляемых к Высочайшим наградам за неучастие в забастовках 1905 г. РГИА Ф.273, оп.2, д. 216 , л. 29об.

46 Весь Омск. 1912 г.

47 Павел Михайлович Павчинский, Письмо Павла Михайловича Павчинского своей двоюродной сестре Людмиле Эразмовне.

48 Павел Михайлович Павчинский, Письмо Павла Михайловича Павчинского своей двоюродной сестре Людмиле Эразмовне.

49 Юрий Сергеевич Павчинский, Генеалогическое древо Киевской ветви семьи Павчинских; Павел Михайлович Павчинский, Генеалогическое древо семьи Павчинских 1980.

vi. **Неизвестная Иустиновна Павчинская** родилась после 1905 г. предположительно в Омске.

13.   **Владимир Иустинович Павчинский**[50] (Иустин Михайлович-5, Михаил Иосифов-4, Иосиф сын Шимона (Симеона)-3, Шимон (Симеон) сын Гаспера-2, Гаспер(Иван)-1) вышел на пенсию в 1898 году в посаде Шабо Аккерманского уезда Бессарабской Губернии.

Владимир Иустинович Павчинский был женат на **Эмме Кинер**[51] (Emma Kiener), дочери Julius Friedrich Kiener и Katharina Kummerlein из посада Шабо Аккерманского уезда, Бессарабия, родившейся 29 марта 1872 года и скончавшейся не позднее 1924 года в посаде Шабо[52].

Владимир Иустинович Павчинский и Эмма Кинер имели следующих детей:

31   i.   **Лев Владимирович Павчинский**, родился в 1894-1895 г., в посаде Шабо Аккерманского уезда, Бессарабия; женился на Елизавете не позднее 1918 г.; скончался 10 мая 1921 г. в Семипалатинске.

      ii. **Юлий Владимирович Павчинский**[53] родился в 1896 г.

      Ее старший брат Юлий с тем, чтобы завладеть хозяйством отравил отца с матерью, двух младших братьев и сестру. Верить этому тяжело, но поскольку Леня у нас был как родной брат, Юлий был с претензией, хвастлив, заносчив, хотя образование - окончил городское училище[54].

---

50   Юрий Сергеевич Павчинский, Генеалогическое древо Киевской ветви семьи Павчинских; Павел Михайлович Павчинский, Генеалогическое древо семьи Павчинских 1980; Бессарабский календарь на 1895 г. Кишинев, Типография Бессарабского Губернского Правления, 1894 г., с.51.

51   Павел Михайлович Павчинский, Генеалогическое древо семьи Павчинских 1980.

52   Chabag Birth Records, 1828-1900 (J. Fisher),Published by the Odessa Digital Library - 16 Apr 1996, http://www.odessa3.org .Транскрипт записей о рождении деревни (посада) Шабо (Шаба) за период 1828 - 1900 гг.

53   Юрий Сергеевич Павчинский, Генеалогическое древо Киевской ветви семьи Павчинских; Павел Михайлович Павчинский, Генеалогическое древо семьи Павчинских 1980; Павел Михайлович Павчинский, Письмо Павла Михайловича Павчинского своей двоюродной сестре Людмиле Эразмовне.

54   Павел Михайлович Павчинский, Письмо Павла Михайловича Павчинского своей двоюродной сестре Людмиле Эразмовне.

iii. **Анатолий Владимирович Павчинский**[55] родился после 1897 г.

iv. **Вера Владимировна Павчинская**[56] родилась не ранее 1898 г. Скончалась в 1924 году в возрасте 26 лет.

32 v. **Евгений Владимирович Павчинский**, родился в 1899 г.; скончался в 1924 в посаде Шабо, Бессарабия.

vi. **Таисия Владимировна Павчинская**[57] родилась в 1900 г., скончалась в 1924 в посаде Шабо, Бессарабия.

vii. **Неизвестный Владимирович Павчинский**[58] родился в 1901 г. и скончался в 1924 году в посаде Шабо Аккерманского уезда, Бессарабия.

viii. **Надежда Владимировна Павчинская**[59] родилась 14 января 1899 года в посаде Шабо Аккерманского уезда Бессарабской Губернии. Крещена там же 17 января 1899 г.

14. **Петр Владимирович Павчинский**[60] (Владимир Михайлов-5, Михаил Иосифов-4, Иосиф сын Шимона (Симеона)-3, Шимон (Симеон) сын Гаспера-2, Гаспер(Иван)-1) родился в 1885 г. в Киеве. Скончался в 1959 в возрасте 74 лет в Киеве.

Петр Владимирович Павчинский, подпоручик, Архангелогородский отдельный резервный батальон (г. Архангельск)[61].

55 Юрий Сергеевич Павчинский, Генеалогическое древо Киевской ветви семьи Павчинских; Павел Михайлович Павчинский, Генеалогическое древо семьи Павчинских 1980

56 Там же.

57 Там же.

58 Павел Михайлович Павчинский, Генеалогическое древо семьи Павчинских 1980; Павел Михайлович Павчинский, Письмо Павла Михайловича Павчинского своей двоюродной сестре Людмиле Эразмовне.

59 Павел Михайлович Павчинский, Генеалогическое древо семьи Павчинских 1980; Павел Михайлович Павчинский, Письмо Павла Михайловича Павчинского своей двоюродной сестре Людмиле Эразмовне; Кишиневская Духовная Консистория, Метрическая книга православной Свято-Николаевской церкви посада Шабо Аккерманского уезда 1899 г. Подробнее см. «Генеалогия Павчинских. Коллекция исторических материалов».

60 Павел Михайлович Павчинский, Генеалогическое древо семьи Павчинских 1980;

61 Общий список офицерским чинам Русской императорской армии, 1908 г., стаб. 518; Общий список офицерским чинам Русской императорской армии, 1910 г., стлб. 533.

Петр Владимирович Павчинский имел следующих детей:

33   i. **Владимир Петрович Павчинский**, родился в Киеве.

34   ii. **Сергей Петрович Павчинский**, родился в Киеве.

15. **Вадим Владимирович Павчинский**[62] (Владимир Михайлов-5, Михаил Иосифов-4, Иосиф сын Шимона (Симеона)-3, Шимон (Симеон) сын Гаспера-2, Гаспер(Иван)-1) - точные даты и места рождения и смерти неизвестны.

> *Павчинский Вадим Владимирович, подпоручик(1908), поручик (1910), 9-я Восточно-Сибирская стрелковая Его Императорского Величества генерал-фельдцейхмейстера Великого Князя Михаила Николаевича артиллерийская бригада (г. Владивосток).*[63]

Вадим Владимирович Павчинский имел следующих детей:

35   i. **Вадим Вадимович Павчинский**, родился в Хабаровске.

16. **Елизавета Владимировна Павчинская**[64] (Владимир Михайлов-5, Михаил Иосифов-4, Иосиф сын Шимона (Симеона)-3, Шимон (Симеон) сын Гаспера-2, Гаспер(Иван)-1) - точные даты и места рождения и смерти неизвестны.

Елизавета Владимировна Павчинская имела следующих детей[65]:

i. **Анна** – точная дата рождения неизвестна.

ii. **Ирина** – точная дата рождения неизвестна.

17. **Александр Александрович Павчинский**[66] (Александр Михайлов-5, Михаил Иосифов-4, Иосиф сын Шимона (Симеона)-3, Шимон (Симеон) сын Гаспера-2, Гаспер(Иван)-1), бывший капитан Марковской артиллерии[67]

---

62   Павел Михайлович Павчинский, Генеалогическое древо семьи Павчинских 1980.

63   Общий список офицерским чинам Русской императорской армии, 1908 г., стлб. 691; Общий список офицерским чинам Русской императорской армии, 1910 г., стлб. 701.

64   Юрий Сергеевич Павчинский, Генеалогическое древо Киевской ветви семьи Павчинских.

65   Там же.

66   Там же.

67   Первая из войсковых частей Добровольческой армии (1917–1922 гг.), получивших именное шефство одного из основоположников Белого движения на Юге России

(1-я мировая война). Точная дата рождения неизвестна. Скончался в 15 марта 1978 г. в Нью-Йорке[68].

Александр Александрович Павчинский имел следующих сыновей:

36   i.   **Петр Александрович Павчинский.**

37   ii.   **Ростислав Александрович Павчинский.**

18.   **Константин Александрович Павчинский**[69] (Александр Михайлов-5, Михаил Иосифов-4, Иосиф сын Шимона (Симеона)-3, Шимон (Симеон) сын Гаспера-2, Гаспер(Иван)-1) – точная дата рождения неизвестна.

Константин Александрович Павчинский имел ребенка:

    i.   **Эдуард Константинович Павчинский** родился ранее 1872 г. в городе Серадз, Калишской губернии Царства Польского. Считался потомственным дворянином.

Правительствующего Сената

Департамента Герольдии Дело о дворянстве Павчинскаго

10 декабря 1892 г.

л.1

В департамент Герольдии.

Проживающего в городе Серадз Калишской губьернии

потомственного дворянина

Эдуарда Константиновича Павчинскаго

Прошение

Представляя у сего подлежаший гербовый сбор, имею честь по-корнейше просить Департамент Герольдии не отказать, вы-слать мне посредством Начальника Сераджского уезда, удосто-верение о дворянском моем происхождении.

Генерального штаба генерал-лейтенанта С. Л. Маркова.

68   Русская мысль - Париж, 1978, 18 мая, No.3204; Часовой. Париж-Брюссель, 1978 No.613. Цит. по: Незабытые могилы: Российское зарубежье: некрологи 1917-2001: в 6 т. / Рос. Гос. Б-ка. Сост. В.Н.Чуваков. Под ред. Е.В. Макаревич.М. 2007.

69   Юрий Сергеевич Павчинский, Генеалогическое древо Киевской ветви семьи Павчинских.

При этом имею честь доложить, что Павчинские записаны по спискам дворян Царства Польского.

С почтением

гор. Серадз

18 Ноября 1892 г.

2 гербовые марки по 80 коп.

л.2

1892 года декабря 10 дня по Указу Его Императорского Величества, Правительствующий сенат слушали прошение Эдуарда Константинова Павчинскаго, полученное 22 ноября 1892 г. в Правительствующий сенат, по Д-ту Герольдии, в коем объясняет, что Павчинские записаны по спискам дворян царства Польского и ходатайствует о выдаче ему удостоверения в дворянском его происхождении. Приказали: Принимая во внимание, что с настоящим ходатайством просителю надлежало, на основании Ш прил. к ст. 73 т.1 ч.2 Учрежд Сен., изд. 1886 г, обратиться не непосредственно в Правительствующий Сенат, а чрез подлежащее губернское правление Царства Польского, Правительствующий сенат определяет: прошение Павичнского оставить без рассмотрения, о чем объявить ему, по {нрзбр} в г.Серадз через Калишское губернское правление. Пропущено к исполнению21 декабря 1892 ггода. Исполнено января 29 дня 1893 года. Подлинное за подписанием Правительствующего сената.

л.4

В Правительствующий сенат

Калишского губернского правления

Рапорт

Губернское правление имеет честь донести, что копия Указа правительствующего Сената по Департаменту Герольдии от 29 января с.г. за No. 889 об отказе в ходатайстве Эдуарда Константинова Павчинского о выдаче ему удостоверения о дворянском его происхождении вручена Павчинскому под прилагаемую при сем расписку.

Губернатор (подпись)

Вице-губернатор (подпись)

No. 324

3 апреля 1893 г.

г. Калишъ[70]

19. **Георгий Александрович Павчинский**[71] (Александр Михайлов-5, Михаил Иосифов-4, Иосиф сын Шимона (Симеона)-3, Шимон (Симеон) сын Гаспера-2, Гаспер(Иван)-1) – точные даты рождения и смерти неизвестны.

Георгий Александрович Павчинский имел следующего ребенка:

> i. **Зоя Георгиевна Павчинская**[72] – точная дата рождения неизвестна.

20. **Кирилл Александрович Павчинский**[73] (Александр Михайлов-5, Михаил Иосифов-4, Иосиф сын Шимона (Симеона)-3, Шимон (Симеон) сын Гаспера-2, Гаспер(Иван)-1) – точные даты рождения и смерти неизвестны.

Кирилл Александрович Павчинский имел следующих детей[74]:

> i. **Наталья Кирилловна Павчинская** точные даты рождения и смерти неизвестны.
>
> ii. **Светлана Кирилловна Павчинская** точные даты рождения и смерти неизвестны.

21. **Павел Михайлович Павчинский**[75] (Михаил Михайлов-5, Михаил Иосифов-4, Иосиф сын Шимона (Симеона)-3, Шимон (Симеон) сын Гаспера-2, Гаспер(Иван)-1) – точные даты рождения и смерти неизвестны.

Павел Михайлович Павчинский имел следующих детей[76]:

---

70   Дело "О дворянстве Павчинского" 1892 г. РГИА Ф.1343, оп.38, д. 1632, л. 2-4. (ранее выдавалось исследователю Перелоговой 12.12.1984). Подробнее см. «Генеалогия Павчинских. Коллекция исторических материалов».

71   Юрий Сергеевич Павчинский, Генеалогическое древо Киевской ветви семьи Павчинских.

72   Там же.

73   Там же.

74   Там же.

75   Там же.

76   Там же.

i. **Светлана Павловна Павчинская** – точные даты рождения и смерти неизвестны.

ii. **Эльвира Павловна Павчинская** – точные даты рождения и смерти неизвестны.

Седьмое Поколение

22. **Петр Михайлович Павчинский**[77] (Михаил Иустинович-6, Иустин Михайлович-5, Михаил Иосифов-4, Иосиф сын Шимона (Симеона)-3, Шимон (Симеон) сын Гаспера-2, Гаспер(Иван)-1) родился 2 Февраля 1905 г. в Новониколаевске (в настоящее время Новосибирск). Эмигрировал в Шанхай в 1923 году в составе Первого Сибирского Императора Александра I Кадетского Корпуса с эскадрой адмирала Старка из Владивостока[78]. 15 Августа 1927 года он был зачислен в штат Шанхайской Муниципальной Полиции. В 1931 Петр was a повышен в должности до сержанта. В 1937 повышен в должности до суб-инспектора муниципальной полиции. 31 Июля 1942 года уволен из состава Шанхайской Муниципальной полиции. Петр скончался 28 Февраля 1943 года в возрасте 38 лет в лагере для перемещенных лиц Pootung в Шанхае.

> *Pavchinsky does not seem to have done much to draw himself to my attention, I am afraid. He joined 15 August 1927, was promoted to Sergeant in 1931 and to Sub-Inspector in 1937. I do note that his employment was terminated from 31 July 1942. ...*
>
> *He does not appear in Bernard Wasserstein's book «Secret war in Shanghai», or Fred Wakeman's «Shanghai bandlands».*

> *Перевод: Боюсь, Павчинский не сделал чего-либо значительного что бы привлекло мое внимание. Он зачислен [в полицию] 15 августа 1927 года, повышен в сержанты в 1931 и в суб-инспектора в 1937. Надо отметить что его служба прекращена 31 июля 1942 года. Он не упоминается ни в книге «Секретная война в*

77 Юрий Сергеевич Павчинский, Генеалогическое древо Киевской ветви семьи Павчинских; Павел Михайлович Павчинский, Генеалогическое древо семьи Павчинских 1980.

78 Запись в книге выпускников Первого Сибирского Императора Александра I Кадетского Корпуса (Шанхай 1940 год, http://www.surnameindex.info/00004/index.html), стр. 406-407.

Шанхае» Бернарда Вассерштейна, ни в книге «Бандитский Шанхай» Фреда Вэйкмана.[79]

Петр Михайлович Павчинский и Маргарита Михайловна Чичарова сочетались браком 28 Марта 1942 годв в Community Church в Шанхае. **Маргарита Михайловна Чичарова**, дочь Михаила Петровича Чичарова и Анастасии Григорьевны Калининой, родилась 15 Марта 1916 года в Иркутске.

Петр Михайлович Павчинский и Маргарита Михайловна Чичарова имели ребенка:

> 38   i.   **Михаил Петрович Павчинский**, родился 4 Октября 1942 года в Шанхае.

23.   Павел Михайлович Павчинский[80] (Михаил Иустинович-6, Иустин Михайлович-5, Михаил Иосифов-4, Иосиф сын Шимона (Симеона)-3, Шимон (Симеон) сын Гаспера-2, Гаспер(Иван)-1) родился on 30 Июня 1903 года в селе Дивизия Аккерманского уезда Бессарабской губернии[81]. Он скончался не ранее 1980 года в Москве. Автор генеалогического древа семьи и письма 1980 года, излагающего ряд фактов из истории фамилии.

Павел Михайлович Павчинский был женат на **Антонине Харитоновне** – точная дата рождения неизвестна.

Павел Михайлович Павчинский и Антонина Харитоновна имели следующих детей:

> 39   i.   **Ольга Павловна Павчинская**,   замужем за Николаем Яковлевичем Папуловым.
>
> 40   ii.   **Эльвира Павловна Павчинская**, замужем за Александром Монастырским.
>
> 41   iii.   **Светлана Павловна Павчинская**, замужем за Борисом Ефимовичем Извозчиковым.

---

79   Переписка с Robert Bickers, F.R.Hist.Soc., Professor of History, Department of History, School of Humanities, University of Bristol, 11 Woodland Rd, Bristol, BS8 1TB, UK. http://www.bristol.ac.uk/history/staff/bickers.html

80   Юрий Сергеевич Павчинский, Генеалогическое древо Киевской ветви семьи Павчинских; Павел Михайлович Павчинский, Генеалогическое древо семьи Павчинских 1980.

81   Паспорт Павчинского Павла Михайловича, выданный 9 января 1946 г.

24. **Анна Михайловна Павчинская**[82] (Михаил Иустинович-6, Иустин Михайлович-5, Михаил Иосифов-4, Иосиф сын Шимона (Симеона)-3, Шимон (Симеон) сын Гаспера-2, Гаспер(Иван)-1) – точная дата рождения неизвестна.

Анна Михайловна Павчинская была замужем за Александром Григорьевичем Тынкевичем. **Александр Григорьевич Тынкевич**[83] – точная дата рождения неизвестна.

Александр Григорьевич Тынкевич и Анна Михайловна Павчинская имели следующих детей:

42   i.   **Генрих Александрович Тынкевич**, женат на Валентине Васильевне Тынкевич.

43   ii. **Рахиль Александровна Тынкевич**.

25. **Виктор Михайлович Павчинский**[84] (Михаил Иустинович-6, Иустин Михайлович-5, Михаил Иосифов-4, Иосиф сын Шимона (Симеона)-3, Шимон (Симеон) сын Гаспера-2, Гаспер(Иван)-1) родился в 1897 году в Аккермане Бессарабской губернии. Он скончался в 1933 году в возрасте 36 лет.

> *Родился в 1897 г., г. Анкерман*[85] *Бессарабской губ.; русский; образование среднее; техник Мелиоводстроя. Проживал: г. Новосибирск.*
>
> *Арестован 20 января 1933 г.*
>
> *Приговорен: Коллегией ОГПУ 10 апреля 1933 г., обв.: по обвинению в «отказе сотрудничать с ОГПУ по выявлению антисоветски настроенных граждан» (ст. 121 УК РСФСР).*
>
> *Приговор: к 3 годам лишения свободы Реабилитирован 24 апреля 2003 г*[86]*.*

---

82   Юрий Сергеевич Павчинский, Генеалогическое древо Киевской ветви семьи Павчинских; Павел Михайлович Павчинский, Генеалогическое древо семьи Павчинских 1980.

83   Там же.

84   Юрий Сергеевич Павчинский, Генеалогическое древо Киевской ветви семьи Павчинских; Павел Михайлович Павчинский, Генеалогическое древо семьи Павчинских 1980; Книга Памяти Новосибирской области.

85   Опечатка в оригинале.

86   Книга памяти Новосибирской области.

Виктор Михайлович Павчинский был женат на Анне Николаевне Власовой. **Анна Николаевна Власова**[87] - точная дата рождения неизвестна. Проживала[88] в 1944 году в Новосибирске, ул. Серебрянная 29.

Виктор Михайлович Павчинский и Анна Николаевна имели ребенка:

    i. **Михаил Викторович Павчинский**[89] родился в 1923 году в Барнауле. Он был убит на войне 21 Апреля 1944 года в районе села Чистопады Залосценского района Тарнопольской (Тернопольской) области, где и похоронен.

Номер записи: 55870750

Фамилия:Павчинский

Имя: Михаил

Отчество: Викторович

Дата рождения: __.__.1923

Место рождения: Алтайский край, г. Барнаул

Дата и место призыва: Центральный РВК, Новосибирская обл., г. Новосибирск, Центральный р-н

Последнее место службы: штаб 246 сд

Воинское звание: техник-лейтенант

Причина выбытия: убит

Дата выбытия: 21.04.1944

Название источника информации: ЦАМО

Номер фонда источника информации: 33

Номер описи источника информации: 11458

Номер дела источника информации: 329

Похоронен: с. Чистопады Залосценского р-на Тарнопольской обл., у церкви.[90]

---

87   Павел Михайлович Павчинский, Генеалогическое древо семьи Павчинских 1980.

88   Источник: ОБД Мемориал http://www.obd-memorial.ru

89   Юрий Сергеевич Павчинский, Генеалогическое древо Киевской ветви семьи Павчинских; Павел Михайлович Павчинский, Генеалогическое древо семьи Павчинских 1980; ОБД Мемориал http://www.obd-memorial.ru

90   Источник: ОБД Мемориал http://www.obd-memorial.ru

26. **Мария Михайловна Павчинская**[91] (Михаил Иустинович-6, Иустин Михайлович-5, Михаил Иосифов-4, Иосиф сын Шимона (Симеона)-3, Шимон (Симеон) сын Гаспера-2, Гаспер(Иван)-1) – точная дата рождения неизвестна.

Мария Михайловна Павчинская была замужем за Иваном Литкевичем. **Иван Литкевич**[92] - точная дата рождения неизвестна.

Иван Литкевич и Мария Михайловна Павчинская имели ребенка:

      i. **Александра Ивановна Литкевич**[93] – точная дата рождения неизвестна.

27. **Клавдия Михайловна Павчинская**[94] (Михаил Иустинович-6, Иустин Михайлович-5, Михаил Иосифов-4, Иосиф сын Шимона (Симеона)-3, Шимон (Симеон) сын Гаспера-2, Гаспер(Иван)-1) – точная дата рождения неизвестна.

Клавдия Михайловна Павчинская была замужем за Константином Карловичем Мейером. **Константин Карлович Мейер**[95] – точная дата рождения неизвестна.

Константин Карлович Мейер и Клавдия Михайловна Павчинская имели ребенка:

44   i. **Любовь Константиновна Мейер**, замужем за Виктором Двоеглазовым.

28. **Александр Михайлович Павчинский**[96] (Михаил Иустинович-6, Иустин Михайлович-5, Михаил Иосифов-4, Иосиф сын Шимона (Симеона)-3,

91 Павел Михайлович Павчинский, Генеалогическое древо семьи Павчинских 1980;

92 Там же.

93 Там же.

94 Юрий Сергеевич Павчинский, Генеалогическое древо Киевской ветви семьи Павчинских; Павел Михайлович Павчинский, Генеалогическое древо семьи Павчинских 1980.

95 Там же.

96 Кишиневская Духовная Консистория, Метрическая книга православной Свято-Николаевской церкви посада Шабо Аккерманского уезда 1895 г., Ф.77, оп. 1, д.59; Юрий Сергеевич Павчинский, Генеалогическое древо Киевской ветви семьи Павчинских; Павел Михайлович Павчинский, Генеалогическое древо семьи Павчинских 1980. Подробнее см.

Шимон (Симеон) сын Гаспера-2, Гаспер(Иван)-1) родился 26 Января 1895 года в Шабо Аккерманского уезда Бессарабской Губернии. Он был крещен 11 Февраля 1895 года.

> В метрических книгах православной Свято-Николаевской церкви посада Шабо Аккерманского уезда Бессарабской Губернии (Кишиневская Духовная Консистория) в книге ф. 77 оп. 1 д. 59 о родившихся, сочетавшихся браком и скончавшихся за 1895 год обнаружена запись номер 8 мужескаго пола о рождении 26 января 1895 года и крещении 11 февраля 1895 года Александра, сына дворянина Михаила Иустиновича Павчинского второбрачного и законной жены его Марии Ивановны, первобрачной. Воспреемники – коллежский секретарь Иоанн Львов Афентьев и жена поселянина-собственника с. Шабо Анна Константинова Бюксель.

> В записи имеется странная неясная пока пометка – "Выписан по делу 4 ст. от 11 мая 1911 г. № 448.

Александр Михайлович Павчинский был женат на Марии Ивановне Мусатовой. **Мария Ивановна Мусатова**[97] – точная дата рождения неизвестна.

Александр Михайлович Павчинский и Мария Ивановна Мусатова имели следующих детей:

      i.   **Наталья Александровна Павчинская**[98] – точная дата рождения неизвестна.

45   ii.   **Борис Александрович Павчинский**, женат на Евдокии.

29. **Марина Эразмовна Павчинская**[99] (Эразм Иустинович-6, Иустин Михайлович-5, Михаил Иосифов-4, Иосиф сын Шимона (Симеона)-3, Шимон (Симеон) сын Гаспера-2, Гаспер(Иван)-1) родилась 10 Сентября 1932 года.

Фамилия: Павчинская

«Генеалогия Павчинских. Коллекция исторических материалов».

   97   Павел Михайлович Павчинский, Генеалогическое древо семьи Павчинских 1980.

   98   Юрий Сергеевич Павчинский, Генеалогическое древо Киевской ветви семьи Павчинских;Павел Михайлович Павчинский, Генеалогическое древо семьи Павчинских 1980.

   99   Юрий Сергеевич Павчинский, Генеалогическое древо Киевской ветви семьи Павчинских.

Имя : Марина

Отчество: Эразмовна

Дата рождения: 1932-09-10

Индекс: 121069

Регион: г. Москва

Улица: Новинский б-р[100]

Марина Эразмовна Павчинская. Германист, переводчик, окончила Московский государственный институт иностранных языков им. Мориса Тореза (ныне лингвистический университет). Сфера научных интересов - творчество Гете, Генриха Бёлля, Тракля. В ее переводе в издательстве "Урал LTD" (2000г.) вышла книга Отто Базиля "Георг Тракль". Живет в Москве.[101]

Марина Эразмовна Павчинская имела ребенка:

      i.   **Юрий** - точная дата рождения неизвестна.

30.   **Ростислав Эразмович Павчинский**[102] (Эразм Иустинович-6, Иустин Михайлович-5, Михаил Иосифов-4, Иосиф сын Шимона (Симеона)-3, Шимон (Симеон) сын Гаспера-2, Гаспер(Иван)-1) – точная дата рождения неизвестна.

Ростислав Эразмович Павчинский имел ребенка:

46   i.   **Борис Ростиславович Павчинский** родился в 1930 году в Ленинграде (Санкт-Петербург).

31.   **Лев Владимирович Павчинский**[103] (Владимир Иустинович-6, Иустин Михайлович-5, Михаил Иосифов-4, Иосиф сын Шимона (Симеона)-3, Шимон (Симеон) сын Гаспера-2, Гаспер(Иван)-1) родился в 1894-1895 году в

---

100   Коллекция баз данных компании «Релтим». Полные адреса имеются у автора.

101   http://pda.netslova.ru/pavchinskaya/

102   Юрий Сергеевич Павчинский, Генеалогическое древо Киевской ветви семьи Павчинских.

103   Юрий Сергеевич Павчинский, Генеалогическое древо Киевской ветви семьи Павчинских; Павел Михайлович Павчинский, Генеалогическое древо семьи Павчинских 1980; Павел Михайлович Павчинский, Письмо Павла Михайловича Павчинского своей двоюродной сестре Людмиле Эразмовне; Сведения ДКНБ РК по г.Алматы.

посаде Шабо Аккерманского уезда, Бессарабия. Растрелян 10 Мая 1921 г. в возрасте 27 лет в Семипалатинске.

> *Лев окончил школу прапорщиков и участвовал в войсках Колчака. Женился на Кормиловской [со ст. Кормиловка Сибирской железной дороги - К.Ч.] подруге моих сестер, у которой родилась дочь Ольга.*
>
> *В 1919-1920 г. за организацию восстания в г. Семипалатинске был расстрелян.*[104]

> *Родился в 1894 г., Бессарабская губерния, Аккерманский уезд, Шапо с.; русский; образование начальное; переписчик. Проживал: Восточно-Казахстанская обл. Семипалатинск.*
>
> *Арестован 18 апреля 1921 г. Семипалатинский ГубЧК. Приговорен: Семипалатинский губЧК 10 мая 1921 г.*
>
> *Приговор: ВМН Реабилитирован 7 мая 1995 г. Генпрокуратура РК Закон РК от 14.04.1993 г.*[105]

Лев Владимирович Павчинский женился на Елизавете со станции Кормиловка Сибирской железной дороги не позднее 1918 года.

Лев Владимирович Павчинский и Елизавета имели ребенка:

    i.   **Ольга Львовна Павчинская**[106] родилась около 1919 г.

32.   **Евгений Владимирович Павчинский**[107] (Владимир Иустинович-6, Иустин Михайлович-5, Михаил Иосифов-4, Иосиф сын Шимона (Симеона)-3, Шимон (Симеон) сын Гаспера-2, Гаспер(Иван)-1) родился в 1899 году в Бессарабии. Он скончался в 1924 году в возрасте 25 лет вБессарабии.

---

104   Павел Михайлович Павчинский, Письмо Павла Михайловича Павчинского своей двоюродной сестре Людмиле Эразмовне.

105   Сведения ДКНБ РК по г.Алматы, размещено на сайте http://www.memo.ru

106   Павел Михайлович Павчинский, Генеалогическое древо семьи Павчинских 1980; Павел Михайлович Павчинский, Письмо Павла Михайловича Павчинского своей двоюродной сестре Людмиле Эразмовне.

107   Юрий Сергеевич Павчинский, Генеалогическое древо Киевской ветви семьи Павчинских;Павел Михайлович Павчинский, Генеалогическое древо семьи Павчинских 1980.

33. Владимир Петрович Павчинский[108] (Петр Владимирович-6, Владимир Михайлов-5, Михаил Иосифов-4, Иосиф сын Шимона (Симеона)-3, Шимон (Симеон) сын Гаспера-2, Гаспер(Иван)-1) родился в Киеве.

Владимир Петрович Павчинский имел следующих детей:

    47   i.   **Наталья Владимировна Павчинская,** родилась в Киеве.

    48   ii. **Евгений Владимирович Павчинский,** родился в Киеве.

34. Сергей Петрович Павчинский[109] (Петр Владимирович-6, Владимир Михайлов-5, Михаил Иосифов-4, Иосиф сын Шимона (Симеона)-3, Шимон (Симеон) сын Гаспера-2, Гаспер(Иван)-1) родился в Киеве.

Сергей Петрович Павчинский имел следующих детей:

    49   i.   **Юрий Сергеевич Павчинский,** родился в Киеве.

          ii. **Андрей Сергеевич Павчинский**[110] родился в Киеве.

35. Вадим Вадимович Павчинский[111] (Вадим Владимирович-6, Владимир Михайлов-5, Михаил Иосифов-4, Иосиф сын Шимона (Симеона)-3, Шимон (Симеон) сын Гаспера-2, Гаспер(Иван)-1) родился в Хабаровске.

Вадим Вадимович Павчинский имел ребенка:

    50   i.   **Геннадий Вадимович Павчинский,** родился 7 Августа 1939 года в Хабаровске; скончался 27 Августа 1998 года в Хабаровске.

36. Петр Александрович Павчинский[112] (Александр Александрович-6, Александр Михайлов-5, Михаил Иосифов-4, Иосиф сын Шимона (Симеона)-3, Шимон (Симеон) сын Гаспера-2, Гаспер(Иван)-1) – точная дата рождения неизвестна.

108   Юрий Сергеевич Павчинский, Генеалогическое древо Киевской ветви семьи Павчинских.
109   Там же.
110   Там же.
111   Там же.
112   Там же.

Петр Александрович Павчинский имел следующих детей[113]:

    i. **Ирина Петровна Павчинская** – точная дата рождения неизвестна.

    ii. **Николай Петрович Павчинский** – точная дата рождения неизвестна.

37. **Ростислав Александрович Павчинский**[114] (Александр Александрович-6, Александр Михайлов-5, Михаил Иосифов-4, Иосиф сын Шимона (Симеона)-3, Шимон (Симеон) сын Гаспера-2, Гаспер(Иван)-1) – точная дата рождения неизвестна.

Ростислав Александрович Павчинский имел следующих детей [115]:

    i. **Петр Ростиславович Павчинский** – точная дата рождения неизвестна.

    ii. **Александр Ростиславович Павчинский** – точная дата рождения неизвестна.

Восьмое Поколение

38. **Михаил Петрович Павчинский** (Петр Михайлович-7, Михаил Иустинович-6, Иустин Михайлович-5, Михаил Иосифов-4, Иосиф сын Шимона (Симеона)-3, Шимон (Симеон) сын Гаспера-2, Гаспер(Иван)-1) родился 4 Октября 1942 года в Шанхае.

> *Фамилия: Павчинский*
>
> *Имя: Михаил*
>
> *Отчество: Петрович*
>
> *Дата рождения: 1942-10-04*
>
> *Индекс: 620135*
>
> *Город: Екатеринбург*

---

113   Там же.
114   Там же.
115   Там же.

Улица: старых большевиков[116]

Рождение ребенка зарегистрировано в Американском консульстве в Шанхае 22 октября 1942 года[117].

Михаил Петрович Павчинский имел ребенка:

> 51   i.   **Наталья Михайловна Павчинская**, родилась 16 Декабря 1969 года в Екатеринбурге.

39. **Ольга Павловна Павчинская**[118] (Павел Михайлович-7, Михаил Иустинович-6, Иустин Михайлович-5, Михаил Иосифов-4, Иосиф сын Шимона (Симеона)-3, Шимон (Симеон) сын Гаспера-2, Гаспер(Иван)-1) – точная дата рождения неизвестна.

Ольга Павловна Павчинская вышла замуж за Николая Яковлевича Папулова. **Николай Яковлевич Папулов**[119] – точная дата рождения неизвестна.

Николай Яковлевич Папулов и Ольга Павловна Павчинская имели следующих детей[120]:

> i.   **Александр Николаевич Папулов** – точная дата рождения неизвестна.
>
> ii. **Константин Николаевич Папулов** – точная дата рождения неизвестна.

40. **Эльвира Павловна Павчинская**[121] (Павел Михайлович-7, Михаил Иустинович-6, Иустин Михайлович-5, Михаил Иосифов-4, Иосиф сын Шимона (Симеона)-3, Шимон (Симеон) сын Гаспера-2, Гаспер(Иван)-1) – точная дата рождения неизвестна.

---

116   Коллекция баз данных компании «Релтим». Полные адреса имеются у автора.

117   См. «Генеалогия Павчинских. Коллекция исторических материалов».

118   Юрий Сергеевич Павчинский, Генеалогическое древо Киевской ветви семьи Павчинских; Павел Михайлович Павчинский, Генеалогическое древо семьи Павчинских 1980.

119   Юрий Сергеевич Павчинский, Генеалогическое древо Киевской ветви семьи Павчинских.

120   Там же.

121   Там же.

Эльвира Павловна Павчинская вышла замуж за Александра Монастырского. **Александр Монастырский**[122] – точная дата рождения неизвестна.

Александр Монастырский и Эльвира Павловна Павчинская имели ребенка:

> i. **Мария Александровна Монастырская**[123] - точная дата рождения неизвестна.

41. **Светлана Павловна Павчинская**[124] (Павел Михайлович-7, Михаил Иустинович-6, Иустин Михайлович-5, Михаил Иосифов-4, Иосиф сын Шимона (Симеона)-3, Шимон (Симеон) сын Гаспера-2, Гаспер(Иван)-1) – точная дата рождения неизвестна.

Светлана Павловна Павчинская вышла замуж за Бориса Ефимовича Извозчикова. **Борис Ефимович Извозчиков**[125] – точная дата рождения неизвестна.

Борис Ефимович Извозчиков и Светлана Павловна Павчинская имели ребенка:

> i. **Сергей Борисович Извозчиков**[126] родился 23 Июня 1963 года в Москве. Кандидат медицинских наук.

42. **Генрих Александрович Тынкевич**[127] (Анна Михайловна Павчинская-7, Михаил Иустинович-6, Иустин Михайлович-5, Михаил Иосифов-4, Иосиф сын Шимона (Симеона)-3, Шимон (Симеон) сын Гаспера-2, Гаспер(Иван)-1) – точная дата рождения неизвестна.

Генрих Александрович Тынкевич женат на Валентине Васильевне Тынкевич. **Валентина Васильевна Тынкевич**[128] – точная дата рождения неизвестна.

---

122 Там же.

123 Там же.

124 Юрий Сергеевич Павчинский, Генеалогическое древо Киевской ветви семьи Павчинских; Павел Михайлович Павчинский, Генеалогическое древо семьи Павчинских 1980.

125 Павел Михайлович Павчинский, Генеалогическое древо семьи Павчинских 1980.

126 Там же.

127 Там же.

128 Там же.

Генрих Александрович Тынкевич и Валентина Васильевна имели следующих детей:

    52   i.   **Валерий Генрихович Тынкевич**, женат на Наталье.

          ii. **Елена Генриховна Тынкевич**[129] – точная дата рождения неизвестна.

43. **Рахиль Александровна Тынкевич**[130] (Анна Михайловна Павчинская-7, Михаил Иустинович-6, Иустин Михайлович-5, Михаил Иосифов-4, Иосиф сын Шимона (Симеона)-3, Шимон (Симеон) сын Гаспера-2, Гаспер(Иван)-1) – точная дата рождения неизвестна.

Рахиль Александровна Тынкевич имела имела ребенка:

          i.   **Владимир** – точная дата рождения неизвестна.

44. **Любовь Константиновна Мейер**[131] (Клавдия Михайловна Павчинская-7, Михаил Иустинович-6, Иустин Михайлович-5, Михаил Иосифов-4, Иосиф сын Шимона (Симеона)-3, Шимон (Симеон) сын Гаспера-2, Гаспер(Иван)-1) – точная дата рождения неизвестна.

Любовь Константиновна Мейер вышла замуж за Виктора Двоеглазова. **Виктор Двоеглазов**[132] – точная дата рождения неизвестна.

Виктор Двоеглазов и Любовь Константиновна Мейер имели ребенка:

          i.   **Надежда Викторовна Двоеглазова**[133] – точная дата рождения неизвестна.

45. **Борис Александрович Павчинский**[134] (Александр Михайлович-7, Михаил Иустинович-6, Иустин Михайлович-5, Михаил Иосифов-4, Иосиф

---

129   Там же.

130   Там же.

131   Там же.

132   Там же.

133   Там же.

134   Юрий Сергеевич Павчинский, Генеалогическое древо Киевской ветви семьи Павчинских; Павел Михайлович Павчинский, Генеалогическое древо семьи Павчинских 1980.

сын Шимона (Симеона)-3, Шимон (Симеон) сын Гаспера-2, Гаспер(Иван)-1)
– точная дата рождения неизвестна.

> *Фамилия: Павчинский*
>
> *Имя: Борис*
>
> *Отчество: Александрович*
>
> *Район: Кировский*
>
> *Город: Новосибирск*
>
> *Улица: Мира[135]*

Борис Александрович Павчинский женат на Евдокии. Борис Александрович Павчинский и Евдокия имели следующих детей:

53   i.   **Елена Борисовна Павчинская.**

    ii.   **Сергей Борисович Павчинский[136]** – точная дата рождения неизвестна.

> *Фамилия: Павчинский*
>
> *Имя: Сергей*
>
> *Отчество: Борисович*
>
> *Район: Калининский*
>
> *Город: Новосибирск*
>
> *Улица: Курчатова[137]*

46.   **Борис Ростиславович Павчинский[138]** (Ростислав Эразмович-7, Эразм Иустинович-6, Иустин Михайлович-5, Михаил Иосифов-4, Иосиф сын Шимона (Симеона)-3, Шимон (Симеон) сын Гаспера-2, Гаспер(Иван)-1) родился в 1930 году в Ленинграде. 25 Декабря 2002 указом Президента РФ ему возвращено гражданство России.

> *191. Павчинский Борис Ростиславович, родившийся в 1930 году в г. Санкт-Петербурге, проживающий в Австралии[139].*

---

135   Источник: Коллекция баз данных компании «Релтим». Полные адреса имеются у автора.

136   Юрий Сергеевич Павчинский, Генеалогическое древо Киевской ветви семьи Павчинских; Павел Михайлович Павчинский, Генеалогическое древо семьи Павчинских 1980.

137   Источник: коллекция баз данных компании «Релтим». Полные адреса имеются у автора.

138   Юрий Сергеевич Павчинский, Генеалогическое древо Киевской ветви семьи Павчинских.

139   Указ Президента РФ от 25.12.2002 №1454.

Борис Ростиславович Павчинский имел ребенка:

    i.   **Елена Борисовна Павчинская**[140] – точная дата рождения неизвестна.

47. **Наталья Владимировна Павчинская**[141] (Владимир Петрович-7, Петр Владимирович-6, Владимир Михайлов-5, Михаил Иосифов-4, Иосиф сын Шимона (Симеона)-3, Шимон (Симеон) сын Гаспера-2, Гаспер(Иван)-1) родилась в Киеве.

Наталья Владимировна Павчинская имела следующих детей[142]:

    i.   **Владимир Павчинский** родился в Киеве.

    ii. **Алексей Павчинский** родился в Киеве.

48. **Евгений Владимирович Павчинский**[143] (Владимир Петрович-7, Петр Владимирович-6, Владимир Михайлов-5, Михаил Иосифов-4, Иосиф сын Шимона (Симеона)-3, Шимон (Симеон) сын Гаспера-2, Гаспер(Иван)-1) родился в Киеве.

Евгений Владимирович Павчинский имел ребенка:

    i.   **Дмитрий Евгеньевич Павчинский**[144] родился в Киеве.

49. **Юрий Сергеевич Павчинский**[145] (Сергей Петрович-7, Петр Владимирович-6, Владимир Михайлов-5, Михаил Иосифов-4, Иосиф сын Шимона (Симеона)-3, Шимон (Симеон) сын Гаспера-2, Гаспер(Иван)-1) родился в Киеве.

Юрий Сергеевич Павчинский имел следующих детей[146]:

    i.   **Владимир Юрьевич Павчинский** родился в Киеве.

---

140   Юрий Сергеевич Павчинский, Генеалогическое древо Киевской ветви семьи Павчинских.

141   Там же.

142   Там же.

143   Юрий Сергеевич Павчинский, Генеалогическое древо Киевской ветви семьи Павчинских.

144   Там же.

145   Там же.

146   Там же.

ii. **Александр Юрьевич Павчинский** родился вКиеве.

iii. **Данил Юрьевич Павчинский** родился в Киеве.

50.   **Геннадий Вадимович Павчинский**[147] (Вадим Вадимович-7, Вадим Владимирович-6, Владимир Михайлов-5, Михаил Иосифов-4, Иосиф сын Шимона (Симеона)-3, Шимон (Симеон) сын Гаспера-2, Гаспер(Иван)-1) родился 7 Августа 1939 года в Хабаровске. Он скончался 27 Августа 1998 в возрасте 59 лет в Хабаровске. Диктор Хабаровского телевидения.

Геннадий Вадимович Павчинский имел ребенка:

i. **Вадим   Геннадьевич   Павчинский**[148]   родился   в Хабаровске.

Девятое Поколение

51.   **Наталья Михайловна Павчинская** (Михаил Петрович-8, Петр Михайлович-7, Михаил Иустинович-6, Иустин Михайлович-5, Михаил Иосифов-4, Иосиф сын Шимона (Симеона)-3, Шимон (Симеон) сын Гаспера-2, Гаспер(Иван)-1) родилась 16 Декабря 1969 года в Екатеринбурге, Россия.

52.   **Валерий Генрихович Тынкевич**[149] 15 (Генрих Александрович-8, Анна Михайловна Павчинская-7, Михаил Иустинович-6, Иустин Михайлович-5, Михаил Иосифов-4, Иосиф сын Шимона (Симеона)-3, Шимон (Симеон) сын Гаспера-2, Гаспер(Иван)-1) – точная дата рождения неизвестна.

Валерий Генрихович Тынкевич женат на Наталье. Валерий Генрихович Тынкевич и Наталья имели дочь:

i. **Ольга Валерьевна Тынкевич** – точная дата рождения неизвестна.

---

147   Там же.
148   Там же.
149   Павел Михайлович Павчинский, Генеалогическое древо семьи Павчинских 1980.

53. **Елена Борисовна Павчинская**[150] (Борис Александрович-8, Александр Михайлович-7, Михаил Иустинович-6, Иустин Михайлович-5, Михаил Иосифов-4, Иосиф сын Шимона (Симеона)-3, Шимон (Симеон) сын Гаспера-2, Гаспер(Иван)-1) – точная дата рождения неизвестна.

Елена Борисовна Павчинская имела ребенка:

     i. **Павел**– точная дата рождения неизвестна.

150   Юрий Сергеевич Павчинский, Генеалогическое древо Киевской ветви семьи Павчинских; Павел Михайлович Павчинский, Генеалогическое древо семьи Павчинских 1980.

Версия происхождения семьи Павчинских

Исторические факты «планетарного» масштаба

1768 – Польским королём при поддержке России становится Станислав Понятовский.

1768 – Несогласные учиняют Барскую конфедерацию[151], которая безуспешно борется при поддержке Турции и Франции до 1772 года – из чего проистекает 1-й раздел Польши.

1772 год – В результате первого раздела Польши (ратифицировано сеймом в 1773): Лодзь отходит Пруссии, Дрогобыч – Австрии, Подолия пока у Польши[152].

1793 – Второй раздел Польши с помощью Тарговицкой конфедерации[153] (прекрасная иллюстрация к термину «развод на доверии»): Подолия отошла России.

1795 – После восстания Костюшко, под командованием Суворова польский король отрекается от престола, остатки делят всё те же: Австрия, Пруссия, Россия (третий раздел Польши).

---

151 http://ru.wikipedia.org/wiki/Барская_конфедерация
152 http://upload.wikimedia.org/wikipedia/commons/d/d0/Partitions_of_Poland.png
153 http://ru.wikipedia.org/wiki/Тарговицкая_конфедерация

Исторические факты регионального масштаба

1751 – у наследников Станислава Потоцкого местечко Дунаевцы покупает Адам Красинский (бискуп каменецкий, т.е. епископ) на паях с братом Михаилом (подкоморий рожанский, т.е. судья) – в собственности этой семьи Дунаевцы находились до 1850 года. Красинский (какой точно пока что не ведомо) привозит с собой и поселяет около 10 семейств крестьян из Галиции – со второй половины 18 века и , как минимум, в 1901 году (а может и до настоящего времени) по сему поводу одно из предместий Дунаевец зовётся Галиция.

1768 – Адам Красинский, Михаил Красинский и Юзеф Пулаский – зачинщики Барской конфедерации (см. ссылку выше).

1780 – местечко Жванчик перешло от Мержеевского к Липинским, позднее Липинский противился переводу местной униатской церкви в православие путём превращение церкви в костёл.

1792-93 – отряды конфедератов (Тарговицких) хулиганили и в окрестностях Дунаевец, но имение Антоницы Красинской (вдова племянника Адама Красинского) в котором к тому же в это время квартировал маршал конфедератов Антоний Злотницкий никак не задели – «уважаемые люди не должны пострадать ...»

1815 – создано, по решению Венского конгресса, Царство Польское[154] и присоединено к России на правах широкой автономии.

1830-31 – польское восстание, подавленное Паскевичем[155] – на Волыни и Подолии мелкие «партизанские» очаги...

Факты из истории рода Павчинских[156]

(принимаем все представленные в деле документы за истину)

---

154 http://ru.wikipedia.org/wiki/Царство_Польское
155 http://ru.wikipedia.org/wiki/Польское_восстание_1830_года
156 Подробнее см. «Генеалогия Павчинских. Коллекция исторических материалов».

1732(1734) – у дворян Ивана (Гаспра) и Анны Павчинских в Дрого-быче (Галиция) родился сын Шимон (Симон).

1772 – у дворян Шимона (сына Ивана-Гаспра) и Марии (Марианны) Павчинских в Дунайгороде (Дунаевцах) родился сын Иосиф.

1792 – Иосиф переезжает в Липины Жванчиковского имения (свиде-тельство управляющего имением от имени владелицы Антонины Богуше-вой по первому браку Липинской).

1798 – Иосиф Павчинский женат на Марианне Островской и служит на экономической должности у настоятеля Мястнивецкого костёла Леске-вича (упомянуто в решении Подольского дворянского собрания, дата опре-делена вычислением = год_рождения+указанный_в_документе_возраст).

1802 – у дворянина Иосифа Павчинского в Жванчике родился сын Иван.

1802 – Подольское дворянское депутатское собрание признало Иоси-фа Павчинского дворянином.

1804 – у дворянина Иосифа Павчинского в Жванчике родился сын Степан.

1810 – у дворянина Иосифа Павчинского Жванчике (Липинах) ро-дился третий сын Михаил.

1818 – Подольское дворянское собрание вносит в родословную книгу Подольской губернии Ивана, Степана и Михаила сыновей Иосифа Павчин-ского.

1836, 30 сентября – Подольское губернское правление обращается в Герольдию с просьбой подтвердить или опровергнуть дворянское проис-хождение одного из своих столоначальников: канцеляриста Михаила Иоси-фовича Павчинского.

1837, 4 января – Герольдия отменяет решения Подольского депутат-ского собрания от 1802 и 1818 годов о дворянском происхождении Павчин-ских. Исполнено это решение 30 апреля 1837 года.

Наша гипотеза

К 1751 году дворянин Шимон Павчинский родом с Галичины находится в свите одного из братьев Красинских (вполне достойное место для безземельного шляхтича и абсолютно обычная ситуация для Польши, подтверждений тому масса – в том числе и украинские гетьманы Хмельницкий и Мазепа с этого начинали свой самостоятельный жизненный путь). Вместе со своим шефом он и приезжает осваивать новое имение хозяина в Дунаевцы. Верой и правдой служит господину, возможно имеет заслуги в период смутного времени (Барская конфедерация), из-за службы и женится возможно поздно. Мы не знаем был ли Иосиф старшим ребёнком у Шимона, но возраст отца на момент рождения Иосифа позволяет допустить относительно поздний брак – в то же время вполне закономерный для служивого человека.

Перипетии Польши в это время не позволяют наградить его за службу недвижимостью, но дают некую начальную протекцию его сыну (должность при костёле) и женитьбу на дворянке из рода Островских[157]. Проблем с подтверждением дворянства (обязательная процедура для всех из польской шляхты) у Иосифа не возникает – косвенным подтверждением этого есть даже дата первичного решения 1802 год (Манифест об этом вышел только в 1801 году), да и гоноровые польские депутаты в дворянском собрании «чужака безродного» не пропустят. Не исключено, что эта лёгкость (и отношение к процедуре подтверждения как формальности, без документального подтверждения от помещиков – часть из них вполне могла быть и депутатами собрания, т.е. они же всё и подтверждали прямо на заседании) и сыграла «злую шутку» с потомком в дальнейшем.

Михаил Иосифович вполне логично движется, к 1836 году он уже в Каменце (губернском городе), т.е. вполне обычная карьера (следующее поколение движется вверх, по крайней мере из села/местечка перебирается в губернский город). Свою карьеру в Земских судах Михаил Иосифович сделал после неподтверждения дворянства и начал её в Подольской губернии, а продолжил в соседней Волынской.

Вряд ли большой радостью для этнических поляков (официальное делопроизводство на Подолии было как минимум двуязыким) были и факт и поражение польского восстания 1830-31 годов и вместе с ним урезание, как минимум, этно-культурных свобод в других губерниях с преобладанием польского населения. Косвенным подтверждением этому является следующее польское восстание через 30 лет[158].

Что явилось мотивацией для запроса губернского правления в Герольдию мы достоверно не знаем, но варианты предположить возможно: общая политика в отношении поляков («слишком много себе позволяют»), банальная подковёрная персональная борьба за место (Михаил Иосифович сделал вполне достойную карьеру в Земских судах региона), сам был не сдержан в высказываниях и/или поведении? Вполне возможна комбинация всех или любых двух вариантов.

158   http://ru.wikipedia.org/wiki/Польское_восстание_(1863)

Карта Украины

Места проживания семьи Павчинских в 1730-1900 гг.

Цифрами на карте обозначены: 1– Дрогобыч, 2 –Луцк, 3 – Кременец, 4 – Овруч, 5 – Житомир, 6 – Киев, 7 – Дунаевцы, 8 – Каменец-Подольский, 9 – Брацлав, 10 – Аккерман (ныне Белгород-Днестровский), 11 – посад Шабо.

Семья Павчинских в Сибири

Письмо Павла Михайловича Павчинского своей двоюродной сестре Людмиле Эразмовне Павчинской, написанное около 1980 года. Любезно предоставлено внуком Павла Михайловича Павчинского Сергеем Борисовичем Извозчиковым 3 мая 2010 года. Копия- 4 страницы А5 на листе А4 с двух сторон. Текст приведен в авторской орфографии и пунктуации.

Дорогая Людмила Эразмовна!

Родная Милочка!

Вчера 11/III– получил Ваше первое письмо. Шло оно девять суток. Видимо задержалось в связи с праздником женщин. Поздравляю и Вас с прошедшим со всесозможными пожеланиями. В голове и сейчас полнейший сумбур, не знаешь с чего начать. Так много хочется узнать и рассказать.

Всех своих дядюшек (за исключением Эразма) я видел будучи отроком и юношей, поэтому детали в голове не сохранились. Вы ничего не пишете о дяде Володи, видимо о нем и его большой семье Вы ничего не знаете. А жизнь этой большой семьи завершилась трагически.

В 1914–1915 году дядя Володя со всей семьей приехал к нам на станцию Кормиловку, где отец работал начальником станции (в 45 клм. от гор. Омска) и устроился на работу в ближайшую волость.

Он был глухой, всегда с трубкой в руках, вид забитый, командовала всем тетя Эмма, немка, колонисты из Шабо. Их дети: сын Лев, примерно 1895 г.р., Юлий, Анатолий, дочь Вера, сын Евгений(?), дочь Таисия и еще один сын.

Примерно через год они получили извещение о смерти родителей тети Эммы и завещание ей всего хозяйства, где-то под Шабо, куда и уехали.

Лев окончил школу прапорщиков и участвовал в войсках Колчака. Женился на Кормиловской подруге моих сестер, у которой родилась дочь Ольга.

В 1919-1920 г. за организацию восстания в г. Семипалатинске был расстрелян.

Юлий стал быть первым наследником их хозяйства. Анатолий от родителей уехал и дальнейшую судьбу его не знаю.

В 1924 году, живя в Барнауле, к нам приезжала Вера и рассказала страшную историю. Ее старший брат Юлий с тем, чтобы завладеть хозяйством отравил отца с матерью, двух младших братьев и сестру. Верить этому тяжело, но поскольку Леня у нас был как родной брат, Юлий был с претензией, хвастлив, заносчив, хотя образование – окончил городское училище.

Когда приезжала к нам Вера (она примерно ровесница мне) я был болен брюшным тифом (лежал дома) и поэтому с ней почти не разговаривал. Куда она уехала от нас, дальнейшую ее судьбу я не знаю.

Если у дяди Володи были в основном сыновья, то у дяди Иустина – дочери.

Жили они в Омске, я у них был всего один раз. Жили они тяжело. Тетя Маруся (жена Иустина) была плохая хозяйка, но гонору у нее было много («я столбовая дворянка»). Всегда у них не хватало денег, хотя дядя Иустин зарабатывал больше чем мой отец.

Итак о детях: старшая дочь Зина, вероятно 1900 г рождения, Ольга 1902 г, Нюра 1904 г и еще 2 дочери и сын. Зину я видел в последний раз в 1916 г, приезжала к нам на рождественские каникулы, а дядю Иустина, тетю Марусю, Ольгу, Нюру и остальных трех младенцев в 1918 году. Эвакуировались из Шадринска при отступлении Колчака, в Шадринске он был нач станции. Они доехали до Новониколаевска, где их нагнала Кр. армия и несколько месяцев жили у нас. Больше о них ничего не знаю.

При Колчаке отец работал начальником станции Берск [так в оригинале - К.Ч.], в 36 км от Новониколаевска, ныне Новосибирск, и в маевку 1918 года, под мухой, послал нач дороги телеграмму протеста на труд и зарплату, за что был немедленно уволен с работы. Он с мамой переехал в Новониколаевск, в кампании открыли кафе, на что до прихода красной армии мы и жили.

С восстановлением Советской власти, отец вновь поступил работать на жел дор нач станции Баюново, в 30 км от гор Барнаула. Сюда к нам приежал дядя Петя с тетей Каролиной (1920 г). Он работал в г Барнауле в ЧОНе начальником (по перевозке в вагонах арестованных).

В ЧОНе секретарем работала полька оказавшаяся шпионкой. В

результате дядю Петю отстранили от работы за небдительность и он уехал в Москву.

Дядя Петя и мой отец очень хорошо говорили по польски. Наша бабушка Анна Эразмовна жила и умерла у нас примерно в 1906–1907 г. Отец в то время работал на ст Кривощеково (теперь входит в территорию Новосибирска) и могила ее вероятно в застройках города.

Все братья и сестры учились в г. Омске и только один учился в железнодорожных в двухклассных и четырехклассном училище. В 1920 г поступил на подготовительное отделение во вновь открывшуюся Барнаульскую с/х академию. К концу года эту академию закрыли и я поступил в школу II ступени для взрослых, которую окончил в 1924 году.

Я очень увлекался математикой и по окончании школы мечтал поступить в Томский технологический институт, но моя болезнь нарушила все мои планы. И чтобы не остаться неучем поступил в Барнаульский техникум животноводства, который закончил в 1927 году.

В 1950 году жену пригласили на работу в Министерство с/х-ва РСФСР. Мы в то время работали в Кировском обл управлении с/х-ва и два года, до получения квартиры, жили на две семьи, жена в Москве у своей матери, а я в Кирове. С получением квартиры и я был отозван в Москву.

Вот так и по сей день мы живем в Москве, а на тридцатом году жизни в Москве открыли Марину, а через нее и Вас. Обидно, очень обидно, что так поздно. Но лучше поздно, чем никогда.

РГИА Ф. 273, оп.2, д.216, л.16. Список служащих Сибирской железной дороги, представляемых к Высочайшим наградам за неучастие в забастовках 1905 г.

л. 29об

Фамилия, Имя и Отчество: Павчинский Иустин Иустинович

Чин или звание: Дворянин – зачеркнуто. Написано Концелярский служитель

Должность: Пом. Нач. ст. Калачинская

С какого времени на службе Сибирской железной дороге и время служения вообще на железных дорогах: 1 июня 1902 г.

Какие имеет награды: не получал

К чему представляется: Нагрудн. серебр. медаль на Станислаз. ленте

Копии каких документов предоставляются:Безср. пасп. книжка от 24 VI 1899 г. № 3215

Примечание: По паспорту канцелярский служитель.

Л. 37об.

Фамилия, Имя и Отчество: Павчинский Михаил Иустинович

Чин или звание: мещанин

Должность: Пом. Нач. ст. Убинская

С какого времени на службе Сибирской железной дороге и время служения вообще на железных дорогах: 19 августа 1903 г.

Какие имеет награды: не получал

К чему представляется: Нагрудн. серебр. медаль на Станислав. ленте

Копии каких документов предоставляются:Год. пасп. от 9 IX 1906 г. № 666

Примечание: Из высланных административн. порядком.

Карта Сибири с указанием мест жительства Павчинских

Места проживания семьи Павчинских в 1900-1920 гг.

Цифрами на карте обозначены: 1– Омск, 2 –ст. Кормиловка, 3 – ст. Калачинская, 4 – ст. Убинское, 5 – ст. Кривощеково, 6 – Бердск, 7 – Баюново.

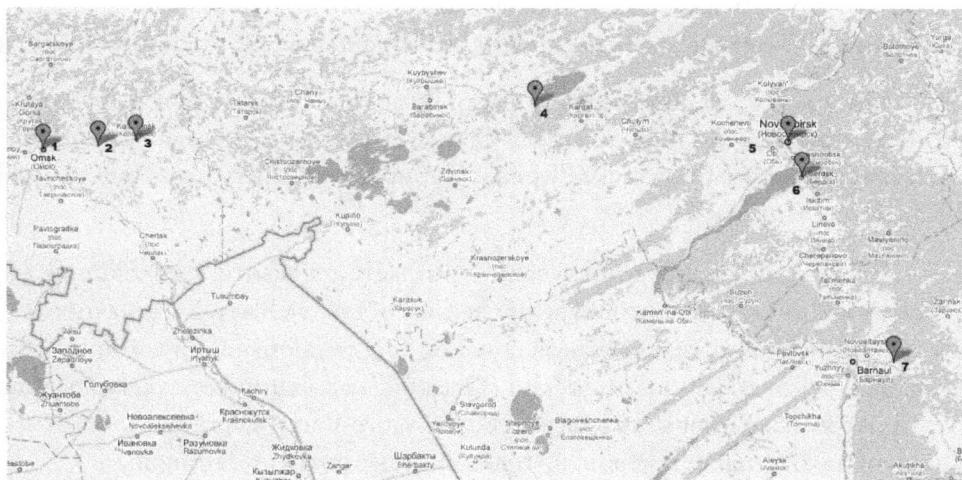

Очерк о П.М. Павчинском (Шанхай)

Петр Михайлович Павчинский родился 2 февраля 1905 года где-то в окрестностях Новониколаевска (современный Новосибирск), где его отец, административно сосланный из черноморского Аккермана (современный Белгород-Днестровский) делал административную карьеру на железной дороге. В связи с большими перемещениями семьи обнаружить метрические записи о рождении П.М. Павчинского ни по православной, ни по католической линии не удалось. Архив Восточно-Сибирской железной дороги также сообщил, что не имеет возможности предоставить информации в связи с истечением 75-летнего срока хранения персональных дел сотрудников.

Поскольку два двоюродных дяди Петра были офицерами, а еще один его – родной – дядя жил и работал в Омске, его около 1915 года принимают в расквартированный в Омске Первый Сибирский Императора Александра I Кадетский Корпус.

В кадетский корпус поступали в возрасте от девяти с половиной до 11 с половиной лет. Полный курс обучения составлял 8 лет. Курс начинался 16 августа и продолжался до начала июня. С 3 года обучения в конце года устраивались экзамены. Сибирский (Омский) кадетский корпус, в отличие от корпусов, находившихся в Европейской части России, принимал в обучение не только детей офицеров, но и детей сибирских чиновников.

До достижения возраста 20 лет судьба Петра Михайловича Павчинского связана с кадетским корпусом. После революции Корпус доблестно бился с большевиками в Сибири.

30 июля 1919 г. с отступающей Белой армией кадеты покинули родное гнездо в Омске и через месяц осели во Владивостоке на Русском Острове.

25 октября 1922 года в составе флотилии кораблей адмирала Г.К. Старка[159] кадетский корпус организованно перебирается в Шанхай.

В течение месяца велись переговоры о разрешении кадетам сойти на

159 http://ru.wikipedia.org/wiki/ Старк,_Георгий_Карлович; Старк Г.К. Моя жизнь. СПб., 1998.

берег. Власти Шанхая серьезно опасались появления в городе большого количества голодных русских. Кадетам удалось просочиться в город под видом «временного увольнения на берег», оставшиеся же на кораблях эскадры взрослые офицеры были вынуждены уйти на Филипины, где корабли были проданы, а деньги, вырученные от продажи, и тот небольшой запас золота, который вывезли при эвакуации, адмирал разделил поровну среди нижних чинов и офицеров бывшей Сибирской военной флотилии[160].

На момент расформирования кадетского корпуса в 1924 году Петръ Павчинскій значится[161] в «списке кадет, бывших при расформировании корпуса в 7-ом классе (1924–1925 уч. г.)».

Это объясняет факт отсутствия Павчинского на имеющихся фотографиях двух последних выпусков корпуса, опубликованных в фотоальбоме В.Д. Жиганова «Русские в Шанхае» в 1936 г.

Документов или иных свидетельств, отражающих жизнь П.М. Павчинского с 1925 по 1927 год не обнаружено. Можно только предположить, что как и множество других полных сил и энергии русских офицеров, наводнивших Шанхай в то время, он перебивался случайными заработками.

15 августа 1927 года П.М. Павчинский зачислен в штат Шанхайской Муниципальной Полиции. Русских тогда туда брали немного, и каким образом он там оказался мы вряд ли узнаем.

Дальнейшие архивные документы показывают нам жизнь русского офицера, ставшего полицейским-оперативником. Холостого, любящего выпить и похулиганить.

С увеличением количества денег росли и «спиритические» запросы. Для их удовлетворения мы устраивали – обратите внимание, нечасто – то, что мы называли «детские праздники на лугу» - другими словами скромные гулянки с выпивкой на спрятанном за холмом теннисном корте. Проходили они теплыми вечерами при свете небольшого количества свечей. Бутылка французского коньяка Хеннеси стоила тогда 2.5 китайских доллара – начинали мы с этого. На одной из этих вечеринок я перепил ментолового ликера и ненавижу его с тех пор. Наличие небольшого количества денег в наших карманах привлекло китайского портного, немного говорившего по-русски и соглашавшегося работать в кре-

---

160 Ясько Т. Н. Адмирал Старк / Россия и АТР. Дальневосточное отделение РАН, 2004 г., вып. 4 (2004), с. 18-22.

161 «Первый Сибирскій Императора Александра I Кадетскій Корпусъ», Шанхай, 1940

дит. При этом все наши долги мы регулярно выплачивали. Мы заказали у него черные форменные штаны за $6, летние белые за $4, а белые форменные рубашки еще дешевле. Павчинский тоже что-то заказал, но денег для оплаты во-время у него не оказалось. Мы сказали портному, что его клиент серьезно болен. Ну и вы знаете, болезни же часто кончаются смертями. В этот раз тоже. Но не совсем. Чтобы подтвердить этот факт, мы положили Павчинского на длинный стол, посыпали его лицо мелом, обернули его белой простынёй, а в сложенные на груди руки поместили зажженную свечу. Несколько траурных плакальщиков со свечами стояли рядом. Самое сложное было сохранять серьезное выражение лиц, но нам нравилась эта игра. Один из заговорщиков читал молитвы загробным голосом. Он держал в руках книгу то-ли по истории, то ли по географии. Мы не дали портному слишком долго смотреть на «труп», поскольку тому всё-таки приходилось дышать. Все прошло просто замечательно. Портной искренне соболезновал о смерти клиента и с трагичным выражением на лице вычеркнул его из списка должников. Позже он был весьма удивлен увидеть Павчинского живым и невредимым, и еще более удивлен, когда тот полностью расплатился, сказав что «взял денег у дедушки». Портной не слишком хорошо знал русский язык чтобы понять все нюансы, но был рад новому заказу. Бал у Ditericks'а приближался и нужна была новая белая рубашка. Позже Павчинский служил в Международной полиции, получил Британское гражданство и был убит при противоречивых обстоятельствах в японском лагере для интернированных Pooting во время второй мировой войны. [162]

В 1931 году П.М. Павчинский повышен в должности до сержанта, в 1937 – до суб-инспектора.

Один раз в пять с половиной лет офицерам Шанхайской Муниципальной Полиции по утвержденным условиям службы был положен полугодовой оплачиваемый отпуск «на родину» с оплатой проезда. В коммунистическую Россию русских полицейских не тянуло, поэтому после небольших конфликтов на этой почве муниципалитет стал оплачивать русским сотрудникам проезд в любое место мира. Часть из них ездила «на родину» в Марсель, Павчинский же путешествовал в Калифорнию.

4 июля 1932 года он прибыл из Шанхая в Лос-Анжелес на судне

---

162   The Last Links 1913-1986 Valentin A. Sokoloff. Рукопись. ч. 9 л.2 . Данная рукопись обнаружена у родственников автора и любезно предоставлена В. Шароновой. Описанные события происходят около 1925 г.

Chichibo Maru[163]. Род деятельности, указанный в судовом манифесте: полицейский офицер. Семейное положение – single (холост).

Вместе с ним тем же рейсом прибыл еще один русский полицейский, Сергей А. Верховский (41 год, родился в Самаре) вместе с женой Анной (32 лет, родившейся во Владивостоке).

И в 1932, и в следующий свой приезд в 1938 году он имел паспортную визу, выданную консульством в Шанхае. На обе поездки американская виза выдавалась на основании Section 3(2) Immigration act of 1924. Данный параграф американского закона гласит, что въезжающий является «иностранцем, временно посещающим Соединенные штаты как турист или бизнесмен.»

Молодому, красивому, видному (рост 177 см) офицеру, вероятно к тому времени хорошо говорившему по-английски, не могли не понравиться три месяца, проведенные в Америке. Поэтому когда он через шесть лет вновь приплывает в Калифорнию (11 апреля 1938 года из Шанхая через Йокогаму - Гонолулу (судно Tatuta Maru) прибыл в Сан-Франциско на судне President Cleveland), он, не теряя времени даром, находит знакомого русского (может стоит указать имя этого русского), который в суде подтверждает, что знает Павчинского как родившегося в США.

24 мая 1938 года Павчинский получает судебное решение об установлении места своего рождения «Сан-Франциско, Калифорния».

В заявлении на получение паспорта, не моргнув глазом, оперативник Павчинский пишет о себе:

> *Я родился в 1905 году в Сан Франциско, Калифорния. С 1906 по 1922 год я проживал в России с родителями, где учился. В Шанхае я продолжал учиться с 1922 по 1925 год. С 1927 года я работаю в Шанхайской Муниципальной Полиции, которая подчиняется Шанхайскому Муниципальному совету. Мои родители родились в России, где и когда - не знаю, в настоящее время скончались.[164]*

26 мая он приносит присягу на верность конституции США.

27 мая ему выписывают американский паспорт №35242, который он

---

163 Судовые манифесты. Ancestry.com. California Passenger and Crew Lists, 1893-1957 [database on-line]. Provo, UT, USA: Ancestry.com Operations Inc, 2008. Подробнее см. «Генеалогия Павчинских. Коллекция исторических материалов».

164 Подробнее см. Документы о получении американского гражданства, предоставленные по запросу Государственным Департаментом США (1938-1943), «Генеалогия Павчинских. Коллекция исторических материалов».

получает 1 июня. А через три недели он отплывает обратно в Шанхай на судне Chichibu Maru.

По возвращении, 12 октября 1938 года, он регистрируется в американском консульстве в Шанхае уже как американский гражданин.

В марте 1942 года П.М. Павчинский сочетается браком с Маргаритой Михайловной Чичаровой, 26 лет, разведенной, дочерью, предположительно, инженера из Томска и купчихи из Киренска. Младшая сестра Маргариты, Людмила, через год выйдет замуж за Василия Чиликина, издателя газеты «Шанхайская заря» и законспирированного сотрудника ОГПУ. Первый муж Маргарты Чичаровой, Осипов, тоже работал в одном из просоветских изданий Чиликина[165].

Через 6 месяцев после бракосочетания, 4 октября 1942 года, у Петра и Маргариты рождается сын, которого нарекают Михаилом.

Судьба к этому моменту сыграла неприятный фокус с американским полицейским Павчинским. Через три месяца после свадьбы (31 июля 1942 года) японские оккупационные власти увольняют Петра Михайловича из полиции. Как и всех других американских и английских сотрудников. Записанные русскими продолжали работать в полиции до конца войны.

Спустя несколько месяцев Павчинского, как и других граждан США, интернируют в лагерь Pootung (там, где он располагался, сейчас находится современный финансовый центр Шанхая). 28 февраля 1943 года жизнь П.М. Павчинского прерывается.

По официальной версии, указанной в свидетельстве о смерти, выданным японскими оккупационными властями, причиной смерти П.М. Павчинского было "самоубийство".

Похороны его прошли спустя несколько дней на престижном кладбище Bubbling Well[166].

Нами были обнаружены документы, проливающие свет на действительные обстоятельства смерти.

Специальный агент контрразведки США John T.Day в донесении от 9 октября 1945 года сообщает следующее:

---

165   Более подробно эта история изложена в книге «Генеалогия Чиликиных-Чичаровых».

166   Газетные извещения о смерти и похоронах П.М. Павчинского представлены в издании «Генеалогия Павчинских. Коллекция исторических материалов».

Кому: Judge Advocate General, Шанхайское командование

Вниманию капитана J.S. Bailey

Тема: Петр М Павчинский, гражданин США.

9 октября 1945 г. мной был проинтервьюирован г-н J. Croset из консульства Швейцарии в Шанхае касательно смерти вышеупомянутого. Дела, хранящиеся в консульстве Швейцарии утверждают, что он умер в лагере для перемещенных лиц Pooting 28 февраля 1943 года. У фигуранта было перерезано горло.

Тело покойного было осмотрено доктором George Thorngate, американцем, лагерным доктором в лагере для перемещенных лиц Pooting. Этим доктором в свидетельство о смерти фигуранта была записана причина смерти "самоубийство", однако это свидетельство было выдано по требованию Японских [оккупационных] властей.

Два других доктора, которые не подвергались интернированию Японскими властями, осмотрели тело покойного по запросу консульства Швейцарии. Эти доктора заявили в своем заключении, что хотя случай и похож на самоубийство, но имеются все указания на факт насильственной смерти – характер осмотренной ими смертельной раны горла определенно указывает на то, что наиболее вероятно она была нанесена [очень сильным] третьим лицом во время сна фигуранта. Упомянутые доктора – Dr R Santelli, адрес 461 avenue Joffre, тел. 81109 и Dr Louis Calame, адрес 175 route Mayen, тел 78062.

Вдова фигуранта, г-жа Маргарет Павчинская, проживает по адресу 1160 Bubbling Well Road.[167]

После войны Маргарита Михайловна с матерью и сыном репатриируются в СССР, где их поселяют в Свердловске.

---

167   National Archives and Records Administration, USA, Army Judge Advocate General War Crimes (Record Group 156) Entry: 180: 270/02/23/07. Подробнее материалы послевоенного расследования обстоятельств смерти П.М. Павчинского см. «Генеалогия Павчинских. Коллекция исторических материалов».

Список адресов в Шанхае, где жил и работали члены семьи Павчинских

- 1160 Bubbling Well Road (М.М. Чичарова, 1945 г.).

- 290 Thorn (Thorne) road (ныне Haerbin Lu) (адрес, указывавшийся П.М. Павчинским во всех своих документах. Является адресом полицейского участка, где он служил).

- 17 Linda Terrasse (past 833 Avenue Joffre) (ныне Huaihai Lu) (Чичаровы).

- 1160 Bubbling Well Road (ныне Nanjing Xi Lu) (Маргарита Павчинская, 1945 г.).

- 216/8 Medhurst Road (ныне Taixing Lu) (Маргарита Чичарова).

- 622/44 Avenue Joffre (ныне Huaihai Lu) (Маргарита Чичарова).

Выдержка из книги «Шанхайский Русский Полк»

Источник: Красноусов. Шанхайский русский полк. Глобус, Сан-Франциско, 1984. Стр. 272-281.

– 1942 год –

7-го декабря 1941 года, в большой компании, мы с женой ужинали в доме одного старого русского моряка, который командовал пароходом какой-то китайской компании и назавтра отправлялся в плавание. Кажется, это был день его рождения и было это, насколько помню, воскресенье. Было уже около полуночи, когда начался разъезд гостей и все мы, вызвав такси, сидели одетыми в гостиной. Общий разговор неожиданно перешел на тему о войне в Европе, и один из гостей задал вопрос: «а как по-вашему, будет-ли война здесь, у нас на Востоке?». На это сын хозяина (инженер Шанхайской Электрической станции) немедленно ответил: «Ну, об этом нечего и беспокоиться, войны здесь не будет». Никто из присутствующих ему не возразил, по-видимому, это было общее мнение, хотя и сокровенное, не высказываемое вслух.

Европейское население Шанхая, конечно, было взбудоражено войной в Европе, продолжавшейся уже почти два года, но начинало свыкаться с мыслью, что «чаша сия минует Шанхай», и мы будем жить, как прежде, не отказывая себе ни в чем, даже в прихотях. Никто из нас не предполагал, что в это самое время японцы, без формального объявления войны, уже громили американский военный флот в Жемчужной Гавани и топили транспорты, на которых плыли из Шанхая на Филиппины остатки 4-го полка американских марин, недавно покинувших Шанхай.

Утром 8-го декабря, как обычно, я встал очень рано и, позавтракав, пошел к своей автобусной остановке, так-как ездил на службу, в казарму Отряда на Рейс-Корсе, на автобусе (расстояние всего лишь мили полторы). Было около 7 часов утра. Как обычно, на остановке ко мне подошел один из англичан – служащий Британско-Американской табачной компании, с которым мы обыкновенно в одно время выезжали на службу по утрам. Хотя официально моя служба, как Адъютанта Отряда, начиналась в 9 час. утра, я приходил в Отряд к 7 ч. 30 м., и сразу-же принимался за перевод с русского на английский рапорта о происшествиях, имевших место на постах, обслуживаемых чинами Отряда, за истекшие сутки. Вскоре после 9 часов особые мотоциклисты-посыльные из Штаба Полиции собирали эти рапорты по всем полицейским станциям и доставляли их в Штаб Полиции для просмотра Начальником Полиции.

Наш автобус уже давно должен был подойти к остановке, но его не было и мы объяснили это просто обычной неаккуратностью в расписании автобусной компании. Около нас собралось уже около десятка человек пассажиров и уже строились предположения, что с автобусом, по-видимому, что-то случилось в пути и нам придется идти к трамваю или брать такси или (как мне) просто «двигаться походным порядком». Но вот, наконец, показался и подошел к остановке почти переполненный уже автобус и мы забрались в него.

В автобусе мы услышали сногсшибательную новость: один из пассажиров-европейцев только-что слышал по радио оповещение японского военного Штаба в Шанхае о том, что Япония присоединилась к союзу Германии и Италии и объявила войну Англии, Америке и Франции, и уже заняла Шанхай. Японское командование призывало население Шанхая отнестись к событиям спокойно и продолжать работать, как обычно. Через пять минут я уже был у себя в казарме, где в «оффисерс месс[168]» мне рассказали все последние новости: на рассвете японцы предъявили ультиматум о сдаче командирам английской и американской канонерок, стоявшим на Вампу, против Банда. Американцы сдались, а англичане подняли флаг и стали готовиться к совершенно неравному, безнадежному бою. Японцы выкатили на Банд несколько полевых орудий и, сделав из них несколько выстрелов по английской канонерке, высадили на нее свой десант, взяв ее «боем».

Военные моряки-англичане с честью поддержали свою вековую традицию, освященную памятью адмирала Нельсона под Трафалгаром и «выполнили свой долг», американцы-же, как обычно, увидели в этом деле «невыгодный бизнес» и поэтому отказались от него в ущерб своей национальной гордости.

Вскоре из Штаба полиции прибыл в Отряд наш «офицер для связи»

168   Офицерской столовой (англ.)

со Штабом, Чиф Инспектор Ф. Тэтстол, и подтвердил имевшиеся уже у нас сведения о Шанхайских событиях, а равно и передал распоряжение Штаба нести службу, как обычно, и особенное внимание обратить на то, чтобы на улицах не собирались толпы и не было беспорядков и демонстраций. По распоряжению Штаба Полиции, все старшие полицейские начальники обязаны были выйти на службу «на улицах», чтобы лично следить и руководить порядком во время официальной оккупации Международного Сеттлемента японскими войсками.

Нужно отдать справедливость и англичанам и японцам: первые, хотя и были взволнованы и угнетены создавшимся своим новым положением «полу-официальных» пленников на службе у врага, выполнили свой долг по охране Сеттлемента[169] с честью и достоинством, японцы-же вошли на Сеттлемент без особой афишировки, спокойно и деловито, без всяких эксцессов. Улицы, и особенно перекрестки улиц, кишели вооруженной полицией: тут и европейцы, и индусы, и китайцы. Жизнь города шла своим установленным порядком, только при соблюдении наивысшего возможного порядка, довольно необычного для Шанхая.

Чины Отряда, как обыкновенно, выходили на службу, получая оружие в своей дежурной комнате внизу, назначенные на строевые занятия, вышли на плац, в Штабе Отряда – в канцелярии шла обычная работа. Наружно ничто не изменилось, только отсутствовал Тэтстол, который обычно проводил в Отряде целые дни: его вызвали обратно в Штаб Полиции. Время приближалось к обеду. Японцы уже ввели свои войска в различные районы Сеттлемента и расположились в заранее ими намеченных казармах, освободившихся после ухода из Шанхая английских и американских войск, а также и в Муниципальных зданиях.

Неожиданно, за окнами Штаба Отряда, на Мохаук род, послышался какой-то все более и более нароставший, однообразный грохот, лязганье «гусениц» и шум моторов. Выглянув в окно, я увидел длинную колонну японских пулеметных танкеток, которая, вытянувшись вдоль всего здания Рейс-Корса, остановилась.

Вскоре послышались шаги на наружной лестнице, которая вела в Штаб Отряда, резко открылась дверь канцелярии Штаба и на пороге появились два японских солдата. Войдя в помещение, они что-то грозно выкрикнули по-японски и взяли винтовки «на изготовку», направив их в сторону

169   В период до 1949 года в состав экстерриториального Шанхая входили «Французская концессия» и «Международный Сеттлемент», совместно управлявщийся англичанами и американцами.

стола, за которым сидел наш Начальник Отряда, майор Иванов. Вслед за солдатами вошел офицер японец и на довольно плохом английском языке задал совершенно нелепый вопрос: «какая здесь стоит воинская часть?». Узнав, что это Русский Отряд, Ш.М.П.[170] и что майор Иванов является его начальником, офицер японец подошел к столу и позвонил куда-то по телефону, стоявшему на столе Начальника Отряда. Короткий разговор по-японски и офицер молча передал трубку майору Иванову: у телефона был один из помощников начальника полиции – японец. Он объявил о том, что полиция Сеттлемента перешла в ведение японской администрации, но Отряд должен, по-прежнему, нести службу до дальнейших распоряжений. Довольно вежливо, но с большим достоинством «откланявшись», офицер японец, в сопровождении своих солдат, вышел из Штаба Отряда и танковая колонна двинулась дальше.

Не могло быть никаких сомнений в том, что японцы не только отлично знали «какая воинская часть стояла на Рейс-Корсе», но они прекрасно были осведомлены и о ее личном составе, о каждом чине ее в отдельности, так-как «их люди» – японские служащие Штаба полиции Международного Сеттлемента, конечно, уже дали эти сведения своему военному командованию.

На душе у каждого из нас, я думаю, было неспокойно: кончилась нормальная налаженная годами жизнь, начиналась новая на положении «нежелательных служащих» – полу-врагов новой власти. В душу невольно закрадывалась тревога за будущее.

В ушах еще ясно звучали слова Председателя Муниципального Совета, сказанные им во время коктейль-парти при переводе Отряда из Ш.В.К[171]. на службу в Полицию, в которых он выражал надежду и глубокую уверенность в том, что Отряд будет продолжать свою верную и примерную службу Муниципалитету и на новом своем поприще – полицейской части. Перед глазами еще мелькали строки обращения Английского Посланника в Китае ко всем служащим европейцам (включая и англичан), отпечатанного в местной прессе, в котором он призывал всех оставаться на своих местах при любых обстоятельствах и сохранить Международный Сеттлемент до лучшего, спокойного будущего.

---

170   Шанхайской Муниципальной Полиции
171   Шанхайский Волонтерский Корпус, образованный в 1853 году добровольческий отряд для охраны Шанхая «от внешних опастностей».Численность его в 1930-х годах достигала 2000 человек. Кроме русского полка, в состав входили две английские, шотландская, португальская, американская, еврейская и китайская роты и вспомогательные подразделения.

Пришли новые «хозяева» – японцы. Пришли по праву завоевателей. Как они отнесутся к служащим Муниципального Совета, несшим свою службу по английским законам?! – могло показать только будущее. Вечером в этот-же день, 8-го декабря, в нашем «оффисерс месс» собралось почти все высшее полицейское начальство – англичане: был и Начальник Полиции, капитан Смайс, были старшие его помощники Бэкер, Самсон, «наш» Робертсон, Айерс, Виддоусон, конечно, Тэтстол, были кое-кто и из начальников «Полицейских дивизионов». Многие из них уже переехали или собирались переехать со своих комфортабельных квартир в скромные, небольшие квартиры и комнаты, имевшиеся в здании Рейскорсного клуба, в которых обычно жили иногородние члены клуба, приезжавшие в Шанхай на скачки.

Все они были в тревожном настроении. Начальник Полиции, майор Борн, и его старшие помощники Смайс и Самсон, вместе с английскими дипломатическими чиновниками и некоторыми высшими чинами Ш.В.К. (в том числе был и последний Командир Корпуса, полковник Манн), должны были в недалеком будущем отплыть из Шанхая на специально «договоренном с японцами» последнем пароходе, который должен был увезти их в нейтральный «международный» порт Лоренцо-Маркос, на западном берегу Африки. Все остальные англичане оставались на службе по-прежнему, но с постов начальников отделов перешли на должности помощников, уступив свои места японцам.

Японцы в данном случае поступили очень разумно: они не ломали структуры Муниципального аппарата, а брали его в свое ведение таким, каким он был, имея в виду лишь постепенно вводить свои правила и порядки, не нарушая нормальной жизни, все еще продолжавшего оставаться «международным», Сеттлемента.

Многие из новых глав отделов полиции – японцы оказались старыми служащими Муниципальной Полиции (японского отдела), занимавшие при англичанах скромные должности. Теперь они стали начальниками, а их бывшие начальники перешли к ним в подчинение.

Имея в виду сохранение целостности Международного Сеттлемента и его огромного и богатейшего хозяйства, англичане, следуя приказу своего Посланника в Китае, остались служить во всех отделах Муниципалитета, выполняя приказы своих новых начальников – военных врагов. Ненаходившиеся на Муниципальной службе англичане были посажены в лагеря, куда вскоре стали отправлять и тех из «муниципального служилого элемента», которые не были угодны своим новым хозяевам или вызывали у них подозрение, как «саботажники».

Чиф-Инспектор Тэтстол, по-прежнему, остался нашим «офицером связи» со Штабом Полиции, но наш непосредственный начальник – «Начальник Тренировочного Депо, всех полицейских резервов и Индусского отдела», милейший г. Робертсон, был убран со своего поста и вскоре посажен в лагерь. На его место, 22-го февраля встал бывший японский суперинтендант Муниципальной Полиции – Суказаки.

Это был хорошей души человек и ревностный служака. Он не питал и не проявлял враждебности к своим бывшим начальникам-англичанам, теперь ставшим ниже его по положению, и умел ладить со всеми. Он прекрасно говорил по-английски и, я думаю, продолжал любить свою «муниципальную полицейскую службу».

Начальником Полиции назначен был г. Ватари, дипломат по профессии, очень большого роста, видный и солидный японец. Фактически-же Начальником Полиции стал жандармский майор Гото – очень неказистый, как большинство японцев, но человек, по-видимому, большой воли и сильного характера. Официально он считался Начальником отделов «Преступлений» и «Специального» (т. е. политического), но фактически управлял всем полицейским аппаратом.

Ходил он почти всегда в штатском платье, что позволяло ему незаметно смешиваться с толпой, в которой его легко можно было принять, судя по его наружности, за скромного чиновника или приказчика из магазина. Он не пил и не курил, но в дни праздников (особенно в Новый год, который японцы отмечают торжественно), он устраивал на своей холостой квартире «приемы». Все это, конечно, мы узнали много позднее, по прошествии многих месяцев, но я думаю, что уместно сказать об этом сейчас, давая характеристику этому человеку.

«Приемы» эти носили странный характер: это было что-то вроде старо-русского хлебосольного «пасхального» или «рождественского» стола, накрытого самыми разнообразными закусками и уставленного большим ассортиментом напитков. Его подчиненные, в день праздника, приходили к нему с визитом. Встречал их слуга-бой и проводил в столовую после того, как они оставляли свои визитные карточки на особом подносе, выставленном в приемной комнате. Гости зачастую не заставали хозяина, но бой любезно прислуживал им, подавая дринки и закуски. Хозяин иногда появлялся совершенно неожиданно из соседней комнаты и, обменявшись приветствиями и поздравлениями, также неожиданно скрывался, приглашая гостей не стесняться и «чувствовать себя, как дома».

Это хлебосольство, радушие, дружеское самодурство, любезность и вежливость со своими подчиненными вне службы, не мешали майору Гото быть очень строгим и требовательным начальником, что и почувствовали вскоре его подчиненные-европейцы. Неожиданные аресты и отправки в лагерь не были диковинкой в то тяжелое время службы «под японцами»: вспоминаются аресты, пытки и смерть Инспектора Шаррок, суб-инспектора **Павчинского**, владельца богатейшего ночного клуба и рулетки – Фаррэна и других. Шаррок и Павчинский были сняты со службы и посажены в «особый лагерь», где (по слухам) их сильно били на допросах и они вскоре умерли. Фаррен-же, посаженный в «Бридж Хауз», не выдержал и… повесился при весьма таинственных обстоятельствах (вероятно, не без помощи японских жандармов), а вслед за ним, вскоре, был арестован и… тоже повесился его управляющий. Все это была работа отдела, которым управлял Гото. Полицейские-европейцы насторожились и стали нести свою службу гораздо аккуратнее и внимательнее, чем прежде. Они все чаще и чаще стали заходить в наш «оффисерс месс», где откровенно делились с нами своими горестями, опасениями и тревогами. Нам они продолжали доверять по-прежнему и окончательно утратили свое прежнее высокомерие.

Так начался 1942-й год, пятнадцатый год службы Полка (Отряда) Шанхайскому Муниципальному Совету.

Вошедшие на территорию Международного Сеттлемента, японские воинские части заняли помещения иностранных клубов, банков, школ, освободили для своих нужд целые пассажи домов, ранее занимавшиеся иностранцами, теперь посаженными в лагерь. Нашим ближайшим «соседом» оказался Штаб «Специального Отдела» японской армии, расположившийся в здании английского «Кантри Клаб», на Баблинг Велл род. С занятием японцами Сеттлемента, сам собой разрешился вопрос с «Интернированным батальоном»: вскоре после начала войны на Востоке, к лагерю на Сингапур род подошла вереница автобусов с незначительным числом японской военной охраны. Интернированным приказано было выйти из лагеря со своими вещами и погрузиться в эти автобусы. Они исполнили этот приказ без малейшего сопротивления. Потом их куда-то увезли и мы о них больше ничего не слышали. Однако, китайцы-полицейские рассказывали, что часть из них сразу-же пошла служить в новую китайскую армию «марионеточного китайского правительства Ван-Чин-Вея», которая дралась с войсками Чжан-Кай-Шека, будучи на стороне японцев, обыкновенные-же кули, сидевшие в лагере на положении «солдат», были просто выгнаны на улицу, а небольшая группа закоренелых «чжанкайшековцев» была посажена в лагерь или в тюрьму. По своему наружному виду Шанхай нисколько не изменился, но его китайское население сильно возросло за счет беженцев, беспрерывно прибывавших из районов, охваченных войной.

Морская торговля, вполне естественно, прекратилась, и Шанхай жил и питался только тем, что можно было выработать и получить в самом Китае. В связи с этим исчезли из магазинов многие заграничные товары, а взамен их, на полках появились товары местной выделки, плохого качества и в недостаточном количестве. Ловкие дельцы, имевшие наличные деньги, успели скупить и припрятать все, что было возможно, и впоследствии, в течение почти всей войны, торговали «из-под полы», создавая себе капиталы.

Торговые предприятия сократили свою работу и благодаря этому многие из низших служащих лишились службы.

Уже с первых месяцев войны на Востоке, в Шанхае почувствовался недостаток во всем, от хлеба и прочих продуктов питания до одежды и обуви. Постепенно, японское командование, сохраняя имевшиеся запасы газолина, необходимые для военных нужд, ограничило до минимума число автомобилей частного пользования, а потом перевело большую часть городского моторного транспорта на «чаркол», когда машины были переоборудованы для работы на газе от древесного угля, который вырабатывался в особых установках-печках, приделанных к этим машинам. Нищенство развивалось стихийно. Улицы были заполнены голодными, оборванными китайскими нищими, которые неотступно следовали за каждым прохожим, прося (даже требуя) подаяние. Но стоило только дать милостыню этому нищему, как добросердечный жертвователь попадал в орбиту новой группы попрошаек... и так без конца, во все время пути по улицам города.

Полиция была бессильна что-либо сделать с этими нищими, так-как не имела возможности собрать их с улиц и куда-то посадить под охрану: ведь всю эту голодную массу пришлось-бы кормить!, а кормить было нечем, так-как уже начинался голод и этот голод породил нищенство. Сильно возросло и число русских попрошаек-нищих, они бродили по городу, не опасаясь полицейского преследования, и вымогали подачку под самыми разнообразными предлогами, главным образом ссылаясь на безработицу. А эта безработица уже была в действительности и усиливалась с каждым днем, выбрасывая на улицы все новые и новые жертвы нищеты. Правда, усилившаяся деятельность «киднапперов» и грабежи вынудили многих богатых китайцев, «пошедших в ногу» с установленным японцами на Востоке «новым порядком» (а потому и живших, по-прежнему, в богатстве и довольстве), взять себе бодигардов-телохранителей, должности которых, обычно, давали русским, бывшим военным, но эта «отрасль» службы (вочмана и бодигарды) не могла поглотить всей массы безработных русских.

На русских чинов Полицейских Отрядов на Сеттлементе и на Французской Концессии (тоже взятой японцами в свое ведение совместно с «марионеточным» городским самоуправлением) смотрели, как на счастливцев и завидовали им.

На улицах Сеттлемента уже можно было встретить оборванных и грязных рабочих артели русских грузчиков, которые, подобно китайцам-кули, перевозили на телегах, вручную, разного рода грузы, пытаясь конкурировать с китайцами. Прежде это не допускалось на Сеттлементе, так-как «роняло лицо» европейца, теперь-же это вызывало лишь злорадный смех и реплики китайской толпы, но было принято, как нормальное явление: европеец был унижен перед победителем-азиатом. В этом взгляде и японцы и китайцы были совершенно солидарны.

Добровольные увольнения со службы в Отряде почти совершенно прекратились, так-как других «служб» не было. Число «сверхштатных» (ожидавших штатной вакансии в Отряде и получавших за это лишь стол и старое обмундирование, но проходивших строевую подготовку), сократилось до минимума. Об увеличении штата Отряда, конечно, не могло быть и речи, так-как японцы только лишь «терпели» Отряд у себя на службе, получив его «в наследство» от Муниципального Совета Международного Сеттлемента, и не имея возможности разогнать его, так-как официально Отряд продолжал служить Муниципальному Совету Международного Сеттлемента, а не японцам.

С занятием Шанхая и его окрестностей японцами, еще осенью 1938 г., вместе с волной китайских беженцев из провинции, в город (в особенности на Сеттлемент) проникли большие группы китайцев-активистов и разбойного элемента. Грабежи, убийства, киднаппинги, поджоги, взрывы бомб и адских машин, кражи и увод автомобилей, расхищение муниципального имущества и предметов городского оборудования – увеличивались с каждым днем. Японцы-победители везде и всюду, в толпе китайцев чувствовали себя неспокойно. Поимка убийц и бомбометателей очень затруднялась тем, что китайское население не принимало участия в их поимке и даже способствовало их исчезновению с места совершенного ими преступления, позволяя им беспрепятственно смешиваться с толпой. Это обстоятельство заставило японское военное командование ввести особую систему самоохраны «Пао-чиа», причем чинами этого Пао-чиа являлись сами китайцы — жители города. Весь Сеттлемент был разбит на районы «пао-чиа», установлены специальные высокие бамбуковые заборы и ворота, перекрывавшие все переходы, переулки и пассажи, и все население каждого данного района было обязано нести беспрерывную охрану своего района и отвечать за преступления, совершенные в их районе.

Другие Павчинские, не вошедшие в генеалогическое дерево

Измаильский архив в ответ на наш запрос сообщает, что в документах Управления полиции г. Четатя-Албэ (он же ранее Аккерман, он же в настоящее время Белгород-Днестровский) в списках жителей румынского подданства, проживающих в городе за 1935 год значится

Павчинский Ицко Д. (отчество указано неполностью) 1861 гр, глава семьи,

его жена: Малка 1861 г.р.

его дети: Резна-Шея 1893 г.р.

Шлема 1898 г.р.

Источник: Измаильский архив, ф.580, оп. 1, д. 2519, л. 195

Сайт ancestry.com указывает на наличие следующих Павчинских, не охваченных настоящим исследованием:

Monica Pawczynski (род. 1901 в Нью-Йорке);

Adam Edmond Pawczynski (род. 16 ноября 1881), Walter Pawczynski (род. 24 ноября 1894), Florence Pawczynski (род. в 1905 г.), Emilia Pawczynski (род. в 1907 г.), Edwin Pawczynski (род. в 1912 г.) - все из штата New Jersey, США;

Kazimierz Pawczynski (в 1956 г. проживал в Fremantle, London, UK);

Michael Andre Pawczynski (ум. в 1970 г. в Arde, Victoria, Australia);

Herbert Pawczynski (бракосочетание 1981 г., Chatham, Kent, UK);

Boris Pavchinsky (25 Dec 1932-31 Jan 2007, Иллинойс, США);

Mikhail Pavchinsky (проживал в 1996 г. в Skokie, IL, США).

Краткая хронология

Дата	Событие	Персона
Ранее 1714	Рождение	Анна Павчинская
Ранее 1714	Рождение	Гаспер(Иван) Павчинский
1734	Рождение	Шимон (Симеон) сын Гаспера Павчинский
		г. Дрогобыч, Перемышльская земля, Русское воеводство, королевство Польское
Ранее 1757	Рождение	Марианна Павчинская
1772	Рождение	Иосиф сын Шимона (Симеона) Павчинский
12 Сентября 1772	Крещение	Иосиф сын Шимона (Симеона) Павчинский
		Дунаевецкая приходская церковь
Calc 1779	Рождение	Мария (Марианна) Островская Павчинская
16 Июня 1801	Крещение	Иван Иосифов Павчинский
		Жванчиковская церковь
1803	Рождение	Степан Иосифов Павчинский
3 Января 1804	Крещение	Степан Иосифов Павчинский
		Жванчиковская церковь
1810	Рождение	Михаил Иосифов Павчинский
11 Сентября 1810	Крещение	Михаил Иосифов Павчинский
		Жванчиковская церковь
~1830	Рождение	Неизвестная Михайловна Павчинская
~1830	Рождение	Мария Михайлова Павчинская
~1830	Рождение	Анатолий Михайлов Павчинский
~1830	Рождение	Михаил Михайлов Павчинский
~1830	Рождение	Александр Михайлов Павчинский
~1830	Рождение	Иустин Михайлович Павчинский
1839–1840	Работа	Михаил Иосифов Павчинский
		секретарь суда; Брацлав Подольской губернии
1842	Работа	Михаил Иосифов Павчинский
		Пристав 5-го стана на вакансии, коллежский регистратор; Житомир
1843–1844	Работа	Михаил Иосифов Павчинский
		пристав 2-го стана, коллежский регистратор; Староконстантинов, Волынской губернии

Дата	Событие	Персона
1845	Работа	Михаил Иосифов Павчинский
		пристав 2-го стана, колежский регистратор; Луцк Волынской губернии
1847	Работа	Михаил Иосифов Павчинский
		пристав 3-го стана, губернский секретарь; Кременец Волынской губернии
1849	Работа	Михаил Иосифов Павчинский
		пристав 3-го стана, коллежский секретарь ; Кременец Волынской губернии
Позднее 1850	Рождение	Вера Александровна Павчинская
28 Февраля 1851	Рождение	Julius Friedrich Kiener
		посад Шаба Аккерманского уезда, Бессарабия
14 Марта 1854	Рождение	Владимир Михайлов Павчинский
Ранее 1855	Рождение	Katharina Kummerlein
		New Freudental, Bessarabia
1861–1862	Работа	Михаил Иосифов Павчинский
		пристав 2-го стана, титулярный советник; Староконстантинов, Волынской губернии
1861–1862	Работа	Михаил Иосифов Павчинский
		пристав 1-го стана, титулярный советник; Овруч Волынской губергии
Ранее 1866	Отставка	Михаил Иосифов Павчинский
~1868	Рождение	Михаил Иустинович Павчинский
		Житомир
21 Октября 1871	Брак	Julius Friedrich Kiener and Katharina Kummerlein
		Шабо or New Freudental
Ранее 1872	Рождение	Эдуард Константинович Павчинский
		г. Серадз, Калишской губьернии
29 Марта 1872	Рождение	Эмма Emma Kiener
		посад Шаба Аккерманского уезда, Бессарабия
17 Апреля 1872	Крещение	Эмма Emma Kiener
		посад Шаба Аккерманского уезда, Бессарабия
~1874	Рождение	Luise Kiener
		посад Шаба Аккерманского уезда, Бессарабия
~1876	Рождение	Эразм Иустинович Павчинский

Дата	Событие	Персона
~1877	Рождение	Annette Kiener
		посад Шаба Аккерманского уезда, Бессарабия
Ранее 1878	Рождение	Мария Ивановна Павчинская
Ранее 1880	Рождение	Петр Иустинович Павчинский
Ранее 1880	Рождение	Варвара
Ранее 1880	Рождение	Петр Чичаров
~1880	Рождение	Friedrich Kiener
		посад Шаба Аккерманского уезда, Бессарабия
~1883	Рождение	Berta Kiener
		посад Шаба Аккерманского уезда, Бессарабия
Ранее 1885	Рождение	Мария
Ранее 1885	Рождение	Григорий Калинин
1885	Рождение	Петр Владимирович Павчинский
11 Мая 1886	Рождение	Karl Kiener
		посад Шаба Аккерманского уезда, Бессарабия
1892	Титул	Эдуард Константинович Павчинский
		потомственного дворянина; г. Серадз, Калишской губернии
29 Октября 1892	Рождение	Василий Александрович Чиликин
		Рязанская губерния
Позднее 1893	Смерть	Эдуард Константинович Павчинский
~1894 or 1895	Рождение	Лев Владимирович Павчинский
		посад Шаба Аккерманского уезда, Бессарабия
Ранее 1895	Брак	Владимир Иустинович Павчинский and Эмма Emma Kiener
26 Января 1895	Рождение	Александр Михайлович Павчинский
		Шабо Аккерманского уезда Бессарабской губ.
11 Февраля 1895	Крещение	Александр Михайлович Павчинский
		Шабо Аккерманского уезда Бессарабской Губернии
Ранее 26 Февраля 1895	Marriage	Михаил Иустинович Павчинский и Мария Ивановна Павчинская
31 Октября 1896	Рождение	Михаил Петрович Чичаров
		Томск
Позднее 1896	Рождение	Юлий Владимирович Павчинский

Дата	Событие	Персона
~1897	Рождение	Виктор Михайлович Павчинский
		Аккерман Бессарабской губернии
Позднее 1897	Рождение	Анатолий Владимирович Павчинский
Ранее 1898	Отставка	Владимир Иустинович Павчинский
		Шабо Аккерманского уезда Бессарабской Губернии
Позднее 1898	Рождение	Вера Владимировна Павчинская
14 Января 1899	Рождение	Надежда Владимировна Павчинская
		Шабо Аккерманского уезда Бессарабской губ.
17 Января 1899	Крещение	Надежда Владимировна Павчинская
		Шабо Аккерманского уезда Бессарабской губ.
19 Декабря 1899	Рождение	Анастасия Григорьевна Калинина
		Киренск
Позднее 1899	Рождение	Евгений Владимирович Павчинский
Ранее 1900	Брак	Иустин Иустинович Павчинский и Мария
~1900	Рождение	Зинаида Иустиновна Павчинская
		Омск
Позднее 1900	Рождение	Таисия Владимировна Павчинская
Позднее 1901	Рождение	Неизвестный Владимирович Павчинский
~1902	Рождение	Ольга Иустиновна Павчинская
		Омск
1 Июня 1902–1905	Работа	Иустин Иустинович Павчинский
		Помощник Начальника ; Ст. Калачинская Сибирской железной дороги
1903–1905	Работа	Михаил Иустинович Павчинский
		помощник начальника станции; ст. Убинское Сибирской железной дороги
30 Июня 1903	Рождение	Павел Михайлович Павчинский
		с Дивизия Аккерманского уезда
Позднее 1903	Смерть	Владимир Михайлов Павчинский
~1904	Рождение	Анна Иустиновна Павчинская
		Омск
2 Февраля 1905	Рождение	Петр Михайлович Павчинский
		Новониколаевск

Дата	Событие	Персона
Позднее 1905	Рождение	Неизвестная Иустиновна Павчинская
		Омск
Позднее 1905	Рождение	Неизвестный Иустинович Павчинский
Позднее 1905	Рождение	Сергей Иустинович Павчинский
		Омск
1906–1907	Работа	Михаил Иустинович Павчинский
		сотрудник станции ; Кривощеково
~1906 or 1907	Смерть	Анна Эразмовна
		Кривощеково (ныне часть Новосибирска)
24 Сентября 1909	Рождение	Сергей Эразмович Павчинский
		Екатеринослав, ныне Днепропетровск, Украина
1912	Работа	Иустин Иустинович Павчинский
		один из пяти счетоводов; г. Омск, Главная контора сельско-хозяйственных складов
1914–1915	Работа	Михаил Иустинович Павчинский
		начальник станции; Кормиловка
15 Марта 1916	Рождение	Маргарита Михайловна Чичарова
		Иркутск
Ранее 1918	Брак	Лев Владимирович Павчинский и Елизавета
1918	Работа	Михаил Иустинович Павчинский
		Начальник станции; Бердск
Ранее 1919	Рождение	Ольга Львовна Павчинская
Позднее 1920	Смерть	Каролина
Позднее 1920	Смерть	Петр Иустинович Павчинский
~1921	Смерть	Katharina Kummerlein
		посад Шаба Аккерманского уезда, Бессарабия
1921	Работа	Михаил Иустинович Павчинский
		Начальник станции; Баюново
Позднее 10 Мая 1921	Смерть	Лев Владимирович Павчинский
		растрелян; Семипалатинск
~1923	Рождение	Михаил Викторович Павчинский
		Барнаул
1923	Миграция	Петр Михайлович Павчинский

Дата	Событие	Персона
		Шанхай
Ранее 1924	Смерть	Неизвестный Владимирович Павчинский
		Бессарабия
Ранее 1924	Смерть	Таисия Владимировна Павчинская
		Бессарабия
Ранее 1924	Смерть	Евгений Владимирович Павчинский
		Бессарабия
Ранее 1924	Смерть	Эмма Emma Kiener
		Бессарабия
Позднее 1924	Смерть	Вера Владимировна Павчинская
16 Июля 1925	Рождение	Людмила Михайловна Чичарова
		Харбин
15 Августа 1927	Работа	Петр Михайлович Павчинский
		зачислен в штат Шанхайской Муниципальной Полиции; Шанхай
~1929	Смерть	Luise Kiener
		посад Шаба Аккерманского уезда, Бессарабия
1930	Рождение	Борис Ростиславович Павчинский
		Ленинград (Санкт-Петербург)
1931	Работа	Петр Михайлович Павчинский
		повышен в должности до сержанта; Шанхай
10 Сентября 1932	Рождение	Марина Эразмовна Павчинская
Позднее 3 Апреля 1933	Смерть	Виктор Михайлович Павчинский
Позднее 1934	Смерть	Эразм Иустинович Павчинский
1937	Работа	Петр Михайлович Павчинский
		Повышен в должности до Суб-инспектора; Шанхай
28 Января 1938	Смерть	Михаил Иустинович Павчинский
		расстрелян; Новосибирская область
7 Августа 1939	Рождение	Геннадий Вадимович Павчинский
		Хабаровск
~1941	Смерть	Berta Kiener

Дата	Событие	Персона
28 Марта 1942	Брак	Петр Михайлович Павчинский и Маргарита Михайловна Чичарова
		Шанхай
31 Июля 1942	Работа	Петр Михайлович Павчинский
		Уволен из состава Шанхайской Муниципальной полиции; Shanghai
4 Октября 1942	Рождение	Михаил Петрович Павчинский
		Шанхай
28 Февраля 1943	Смерть	Петр Михайлович Павчинский
		Шанхай
Позднее 9 Апреля 1943	Брак	Василий Александрович Чиликин и Людмила Михайловна Чичарова
		Шанхай
21 Апреля 1944	Смерть	Михаил Викторович Павчинский
		убит на войне
Позднее 21 Апреля 1944	Похороны	Михаил Викторович Павчинский
		с. Чистопады Залосценского р-на Тарнопольской обл.
1959	Смерть	Петр Владимирович Павчинский
		Киев
23 Июня 1963	Рождение	Сергей Борисович Извозчиков
		Москва
16 Декабря 1969	Рождение	Наталья Михайловна Павчинская
		Екатеринбург, Россия
13 Сентября 1976	Смерть	Сергей Эразмович Павчинский
		Москва
1978	Смерть	Александр Александрович Павчинский
		Париж
Позднее 1980	Смерть	Павел Михайлович Павчинский
		Москва
27 Августа 1998	Смерть	Геннадий Вадимович Павчинский
		Хабаровск

Указатель географических названий

Место	Дата	Событие	Персона
Bessarabia, New Freudental (47° 0' 0.00" N, 28° 30' 0.00" E)			
	ранее 1855	Рождение	Katharina Kummerlein
Аккерман, Бессарабская губерния (46° 12' 0.00" N, 30° 21' 0.00" E)			
	~1897	Рождение	Виктор Михайлович Павчинский
Барнаул (53° 21' 38.00" N, 83° 45' 49.00" E)			
	~1923	Рождение	Михаил Викторович Павчинский
Баюново, станция Сибирской железной дороги (53° 17' 3.00" N, 84° 18' 31.00" E)			
	1921	Работа	Михаил Иустинович Павчинский
Бердск (54° 47' 0.00" N, 83° 2' 0.00" E)			
	1918	Работа	Михаил Иустинович Павчинский
Бессарабия (46° 28' 0.00" N, 30° 44' 0.00" E)			
	ранее 1924	Смерть	Эмма Emma Kiener
	ранее 1924	Смерть	Евгений Владимирович Павчинский
	ранее 1924	Смерть	Таисия Владимировна Павчинская
	ранее 1924	Смерть	Неизвестный Владимирович Павчинский
Брацлав, Подольская губерния (48° 50' 0.00" N, 28° 57' 0.00" E)			
	Земский суд		
	1839–1840	Работа	Михаил Иосифов Павчинский
Дивизия, Аккерманский уезд (45° 57' 0.00" N, 29° 58' 0.00" E)			
	30 Июня 1903	Рождение	Павел Михайлович Павчинский
Дрогобыч, королевство Польское (49° 21' 0.00" N, 23° 30' 0.00" E)			
	1734	Рождение	Шимон (Симеон) сын Гаспера Павчинский
		Крещение	Шимон (Симеон) сын Гаспера Павчинский
Дунаевецкая приходская церковь (48° 54' 0.00" N, 26° 50' 0.00" E)			
	12 Сентября 1772	Крещение	Иосиф сын Шимона (Симеона) Павчинский
Екатеринбург, Россия (56° 51' 27.00" N, 60° 36' 45.00" E)			

Место	Дата	Событие	Персона
	16 Декабря 1969	Рождение	Наталья Михайловна Павчинская
Екатеринослав (ныне Днепропетровск),Украина (48° 27' 0.00" N, 34° 59' 0.00" E)			
	24 Сентября 1909	Рождение	Сергей Эразмович Павчинский
Жванчиковская церковь (48° 46' 0.00" N, 26° 59' 0.00" E)			
	16 Июня 1801	Крещение	Иван Иосифов Павчинский
	3 Января 1804	Крещение	Степан Иосифов Павчинский
	11 Сентября 1810	Крещение	Михаил Иосифов Павчинский
Житомир (50° 15' 0.00" N, 28° 40' 0.00" E)			
	~1868	Рождение	Михаил Иустинович Павчинский
	Земский суд		
	1842	Работа	Михаил Иосифов Павчинский
Иркутск (52° 17' 52.00" N, 104° 17' 47.00" E)			
	15 Марта 1916	Рождение	Маргарита Михайловна Чичарова
Калачинская, станция Сибирской железной дороги (55° 16' 0.00" N, 74° 34' 0.00" E)			
	1 Июня 1902–1905	Работа	Иустин Иустинович Павчинский
Киев (50° 26' 0.00" N, 30° 31' 0.00" E)			
	1959	Смерть	Петр Владимирович Павчинский
		Рождение	Владимир Петрович Павчинский
		Рождение	Сергей Петрович Павчинский
		Рождение	Наталья Владимировна Павчинская
		Рождение	Евгений Владимирович Павчинский
		Рождение	Владимир ? Павчинский
		Рождение	Алексей ? Павчинский?
		Рождение	Дмитрий Евгеньевич Павчинский
		Рождение	Юрий Сергеевич Павчинский
		Рождение	Андрей Сергеевич Павчинский
		Рождение	Владимир Юрьевич Павчинский
		Рождение	Александр Юрьевич Павчинский
		Рождение	Данил Юрьевич Павчинский
Киренск (57° 47' 7.00" N, 108° 6' 43.00" E)			
	19 Декабря 1899	Рождение	Анастасия /Чичарова/ Анастасия Григорьевна Калинина

Место	Дата	Событие	Персона
Кормиловка, станция Сибирской железной дороги (55° 0' 0.00" N, 74° 6' 0.00" E)			
		Рождение	Елизавета
	1914–1915	Работа	Михаил Иустинович Павчинский
Кременец, Волынская губерния (50° 6' 0.00" N, 25° 43' 0.00" E)			
	Земский суд		
	1847	Работа	Михаил Иосифов Павчинский
	1849	Работа	Михаил Иосифов Павчинский
Кривощеково (ныне часть Новосибирска) (55° 2' 28.00" N, 82° 56' 4.00" E)			
	1906–1907	Работа	Михаил Иустинович Павчинский
	~1906 or 1907	Смерть	Анна Эразмовна
Ленинград (Санкт-Петербург) (59° 53' 40.00" N, 30° 15' 51.00" E)			
	1930	Рождение	Борис Ростиславович Павчинский
Луцк. Волынская губерния (50° 45' 0.00" N. 25° 20' 0.00" E)			
	Земский суд		
	1845	Работа	Михаил Иосифов Павчинский
Москва (55° 45' 8.00" N, 37° 36' 56.00" E)			
	23 Июня 1963	Рождение	Сергей Борисович Извозчиков
	13 Сентября 1976	Смерть	Сергей Эразмович Павчинский
	позднее 1980	Смерть	Павел Михайлович Павчинский
	25 Декабря 2002		Борис Ростиславович Павчинский
Новониколаевск (ныне Новосибирск) (55° 2' 28.00" N, 82° 56' 4.00" E)			
	2 Февраля 1905	Рождение	Петр Михайлович Павчинский
Новосибирская область (55° 2' 28.00" N, 82° 56' 4.00" E)			
	28 Января 1938	Смерть	Михаил Иустинович Павчинский
Овруч, Волынская губерния (51° 19' 0.00" N, 28° 48' 0.00" E)			
	Земский суд		
	1861–1862	Работа	Михаил Иосифов Павчинский
Омск (55° 0' 0.00" N, 73° 24' 0.00" E)			
	~1900	Рождение	Зинаида Иустиновна Павчинская
	~1902	Рождение	Ольга Иустиновна Павчинская
	~1904	Рождение	Анна Иустиновна Павчинская

Место	Дата	Событие	Персона
	позднее 1905	Рождение	Сергей Иустинович Павчинский
	позднее 1905	Рождение	Неизвестная Иустиновна Павчинская
Орша (57° 5' 0.00" N, 29° 21' 0.00" E)			
		Смерть	Николай Владимирович Павчинский
Париж (48° 52' 0.00" N, 2° 20' 0.00" E)			
	1978	Смерть	Александр Александрович Павчинский
Рязанская губерния (54° 37' 11.00" N, 39° 44' 24.00" E)			
	29 Октября 1892	Рождение	Василий Александрович Чиликин
Семипалатинск (50° 24' 40.00" N, 80° 13' 39.00" E)			
	позднее 10 Мая 1921	Смерть	Лев Владимирович Павчинский
Серадз, Калишская губерния (51° 36' 0.00" N, 18° 45' 0.00" E)			
	ранее 1872	Рождение	Эдуард Константинович Павчинский
Староконстантинов, Волынская губерния (49° 45' 0.00" N, 27° 13' 0.00" E)			
	Земский суд		
	1843–1844	Работа	Михаил Иосифов Павчинский
	1861–1862	Работа	Михаил Иосифов Павчинский
Томск (56° 30' 0.00" N, 84° 58' 0.00" E)			
	31 Октября 1896	Рождение	Михаил Петрович Чичаров
Убинское, станция Сибирской железной дороги (55° 18' 19.00" N, 79° 41' 4.00" E)			
	1903–1905	Работа	Михаил Иустинович Павчинский
Хабаровск (48° 28' 51.00" N, 135° 5' 34.00" E)			
	7 Августа 1939	Рождение	Геннадий Вадимович Павчинский
	27 Августа 1998	Смерть	Геннадий Вадимович Павчинский
		Рождение	Вадим Вадимович Павчинский
		Рождение	Вадим Геннадьевич Павчинский
Харбин (45° 45' 0.00" N, 126° 39' 0.00" E)			
	16 Июля 1925	Рождение	Людмила Михайловна Чичарова
Чистопады, Залосценский р-н, Тернопольская обл. (49° 49' 0.00" N, 25° 21' 0.00" E)			

Место	Дата	Событие	Персона
	позднее 21 Апреля 1944	Похороны	Михаил Викторович Павчинский

Шабо or New Freudental (46° 8' 0.00" N, 30° 23' 0.00" E)

	Дата	Событие	Персона
	21 Октября 1871	Брак	Julius Friedrich Kiener and Katharina Kummerlein

Шабо Аккерманского уезда Бессарабской Губернии (46° 8' 0.00" N, 30° 23' 0.00" E)

	Дата	Событие	Персона
	28 Февраля 1851	Рождение	Julius Friedrich Kiener
	29 Марта 1872	Рождение	Эмма Emma Kiener
	17 Апреля 1872	Крещение	Эмма Emma Kiener
	~1874	Рождение	Luise Kiener
	~1877	Рождение	Annette Kiener
	~1880	Рождение	Friedrich Kiener
	~1883	Рождение	Berta Kiener
	~1894-1895	Рождение	Лев Владимирович Павчинский
	11 Мая 1886	Рождение	Karl Kiener
	11 Февраля 1895	Крещение	Александр Михайлович Павчинский
	ранее 1898	Отставка	Владимир Иустинович Павчинский
	14 Января 1899	Рождение	Надежда Владимировна Павчинская
	17 Января 1899	Крещение	Надежда Владимировна Павчинская
	~1921	Смерть	Katharina Kummerlein
	~1929	Смерть	Luise Kiener
		Смерть	Friedrich Kiener

Шанхай (31° 14' 0.00" N, 121° 28' 0.00" E)

	Дата	Событие	Персона
	15 Августа 1927	Работа	Петр Михайлович Павчинский
	1931	Работа	Петр Михайлович Павчинский
	1937	Работа	Петр Михайлович Павчинский
	31 Июля 1942	Работа	Петр Михайлович Павчинский
	4 Октября 1942	Рождение	Михаил Петрович Павчинский
	позднее 9 Апреля 1943	Брак	Василий Александрович Чиликин and Людмила Михайловна Чичарова
Community Church			

Место	Дата	Событие	Персона
	28 Марта 1942	Брак	Петр Михайлович Павчинский and Маргарита Михайловна Чичарова
Pootung Internment Camp			
	28 Февраля 1943	Смерть	Петр Михайлович Павчинский

Библиография

Bakich, Olga Mikhailovna. Harbin Russian Imprints: bibliography as history, 1898-1961 : materials for a definitive bibliography. New York: Norman Ross. 2002.

Jacob, Ellis. The Shanghai I knew: a foreign native in pre-revolutionary China. Margate: ComteQ Publishing. 2007.

Leck, Greg. Captives of empire: the Japanese internment of allied civilians in China, 1941-1945. [Bangor, PA]: Shandy Press. 2006.

Lu, Hanchao. Beyond the neon lights: everyday Shanghai in the early twentieth century. Berkeley, Calif: University of California Press. 2004.

Patrikeev, Felix. Russian Politics in Exile. The Northeast Asian Balance of Power, 1924-1931, Basingstoke. 2002.

Ristaino, Marcia R. 2001. Port of last resort: the diaspora communities of Shanghai. Stanford, Calif: Stanford University Press. 2001.

Schaefer, Christina K. Guide to naturalization records of the United States. Baltimore, MD: Genealogical Pub. Co. 1997.

Szucs, Loretto Dennis. 1998. They became Americans: finding naturalization records and ethnic origins. Salt Lake City, Utah: Ancestry. 1998.

The China hong list ... A business and residential directory of all foreigners and the leading Chinese in the principal ports and cities of China. Shanghai: Offices of the North-China daily news herald, ltd. 1934, 1935, 1936, 1937,1938, 1940.

Wakeman, Frederic E. Policing Shanghai, 1927-1937. Berkeley: University of California Press. 1995.

Wakeman, Frederic E. The Shanghai Badlands: wartime terrorism and urban crime, 1937-1941. Cambridge: Cambridge University Press. 1996.

Аблова, Надежда Евгеньевна. КВЖД и российская эмиграция в Китае : междунар. и полит. аспекты истории (первая половина XX в.) / Н. Е. Абло-ва. - М. : Рус. панорама, 2005. (Серия «Страницы российской истории»/ Рос. акад. наук, Ин-т Дал. Востока). ISBN 5-93165-119-5 (в пер.)

Адрес-календарь Российской Империи за 1839, 1840, 1842, 1845, 1846, 1847, 1848 гг.

Алфавитный список дворянским родам Бессарабской губернии, внесенным в дворянскую родословную книгу по 1-е января 1901 г. Кишинев, Паровая Типо-Литография Ф.П. Кашевского. 1901.

Бегидов, Анзор Михайлович. Военная школа российской эмиграции в 1920-1945 гг. : (Учеб. пособие к спецкурсу) / А.М. Бегидов. - Нальчик : Эль-Фа, 2001. - ISBN 5-88195-504-8

Бессарабские Губернские Ведомости. 1906,1915,1916 гг.

Бессарабский календарь на 1895 г. – Кишинев, Типография Бессарабского Губернского Правления, 1894.

Бессарабский календарь на 1907 г. Издание редакции «Бессарабских Губернских Ведомостей». Кишинев, Типография Бессарабского Губернского Правления,1906.

Букреев, Александр Иванович. Книга «восточной ветви» русской эмиграции: вторая половина XX века / А. И. Букреев ; Рос. акад. наук. Сиб. отд-ние, Гос. публ. науч.-техн. б-ка. - Хабаровск : Дальневост. гос. науч. б-ка, 2003. - ISBN 5-98162-002-1

Ван Чжичэн. История русской эмиграции в Шанхае / Ван Чжичэн ; [пер. с кит. Пань Чэньлонга и др.]. - Москва : Русское путь : Русское Зарубежье, 2008. - (Ex cathedra/ Б-ка-фонд «Русское Зарубежье»). ISBN 978-5-85887-274-0 (в пер.)

Весь Иркутск, с отдѣлами Забайкальской и Якутской областей адресная и справочная книга на 1909 год Н. Бендер, Е. П. Бендер. Типо-литографія Макушина и Посохина, 1908, 1909

Весь Омск. Справочник-указатель .... - Омск : Омск. вестн., 1911-1913. - 22-30 см. ... на 1913 год : год изд. 3-й. - [1913].

Весь Харбин на 1923 год: адресная и справочная книга гор. Харбина Изд-во Весь Харбин, 1923 г.

Годы, люди, судьбы. История российской эмиграции в Китае : Материалы международной научой конференции, посвященной 100-летию г. Харбина и КВЖД, Москва, 19-21 мая 1998 г. / РАН. Институт российской истории; Редкол.: акд. РАМН В. И. Иванов и др. - М., 1998.

Гурковский, Владлен Анатольевич (1935-). Российские кадетские корпуса за рубежом : к десятилетию создания Фонда содействия кадетским корпусам имени Алексея Йордана / В. А. Гурковский. - Москва : Белый Берег, 2009. - ISBN 978-5-98353027-0.

Гурковский, Владлен Анатольевич. Кадетские корпуса Российской империи : в 2 т. / В. А. Гурковский ; Фонд содействия кадет. корпусам им. А. Йордана. - М. : Белый берег, 2005 ISBN 5-98353-005-4.

Жиганов В. Д. Русские в Шанхае. Шанхай, 1936.

Жилевич, Татьяна Витальевна. В память об усопших в земле Маньчжурской и харбинцах = In memory of deceased in Harbin, Manchuria / Татьяна Жилевич (Мирошниченко). - Мельбурн, 2000. - ISBN 0-646-40871-2.

Залесская, Ольга Владимировна. Китайские мигранты на Дальнем Востоке России (1917-1938 гг.) : монография / О. В. Залесская ; Ин-т истории, археологии и этнографии народов Дальнего Востока ДВО РАН, Благовещенский гос. пед. ун-т. - Владивосток : Дальнаука, 2009 - ISBN 978-5-8044-0960-0.

Красноусов. Шанхайский русский полк. Глобус, Сан-Франциско, 1984. Стр. 272-281.

Краткий исторический очерк Первого Сибирского имп. Александра I кадетского корпуса. 1813-1913. - Москва, 1915. - На обл. место изд.: Омск.

Кузнецова, Татьяна Валентиновна. Деятели русского книжного дела в Китае в 1917-1949 гг. : Биогр. слов. / Т. В. Кузнецова; Дальневост. гос. науч. б-ка. - Хабаровск, 1998.

Лазарев, Е. Жаркое лето 1924 года в Шанхае / Кадетская перекличка, Нью-Йорк, 1978, № 20, с. 65.

Марков, С.В. Краткий исторический обзор Первого Сибирского имп. Александра I кадетского корпуса. / Военная быль. Париж, 1969, № 6.

Мелик-Нубар, М. Эвакуация Сибирского кадетского корпуса из Омска. / Voennaia byl. Le passé militaire [serial]Parizh, Изд. Обще-кадетского объединения. 1958, с.32.

Незабытые могилы : российское зарубежье : некрологи 1917-1997 : в 6 т. / Российская гос. б-ка. Отд. лит. рус. зарубежья ; сост. В. Н. Чумаков. - Москва : Пашков дом, 1999-2007. - ISBN 5-7510-0169-9.

Общий список офицерским чинам русской имп. армии : Сост. по 1-е янв. 1908 г. - Санкт-Петербург : Воен. тип., 1908. - 1100 с., стб.; 29.

Общий список офицерским чинам русской имп. армии : Сост. по 1-е янв. 1910 г. - Санкт-Петербург : Воен. тип., 1910. - 1080 с., стб.; 29.

Одинцова, Эмилия Александровна. Мой Шанхай / Э. А. Одинцова. - Иркутск : Изд-во Иркут. гос. тех. ун-та, 1999.

Омский кадетский корпус: история и современность / В.Р. Басаев. - Омск : Ом. дом печати, 2003.

Первый Сибирскій Императора Александра I Кадетскій Корпусъ – Шанхай, 1940.

Петр Балакшин. Финал в Китае. Возникновение, развитие и исчезновение Белой эмиграции на Дальнем Востоке. Том 2, Книгоиздательство Сириус, Сан-Франциско-Париж-Нью-Йорк, 1959.

Петров В.П. Шанхай на Вампу: Очерки и рассказы / Рус.-Амер. Ист. о-во. - Вашингтон, 1985.

Полный список лиц, избранных Бессарабским дворянством на областные, губернские и уездные должности со времени присоединения Бессарабии к Российской империи по 1912 год. С историческим введением А.Н. Крупенскаго. Санкт-Петербург, 1912.

Приходы и церкви Подольской губернии, под ред. Евфимия Сицинского, 1901 г. (переиздание 2009 г.)

Русские в Китае. Исторический обзор [Текст] : [сборник] / общ. ред., предисл. и послесл. А. А. Хисамутдинов. - Москва : б. и. ; Шанхай : Координационный совет соотечественников в Китае, 2010. - ISBN 978-5-7444-2332-X.

Самович, Александр Леонидович. Военная школа России в 1914-1920 гг.: кадетские корпуса / А. Л. Самович. - М. : Компания Спутник+, 2002. - ISBN 5-93406-260-3.

Сводный каталог периодических и продолжающихся изданий Русского зарубежья в библиотеках Москвы : (1917-1996 гг.) / Рос. гос. б-ка. Отдел лит. Рус. Зарубежья; [Сост.: А. И. Бардеева и др.]. - М. : РОССПЭН, 1999. - ISBN 5-8243-0021-6.

Сейфуллин, Л.К. Как протекали переговоры и хлопоты о перевозке корпусов из Шанхая. Исторический очерк, 1958 г.

Список генералам, штаб и обер-офицерам Заамурского округа пограничной стражи по старшинству. Сост. на 1 февраля 1908 г.

Список по старшинству подполковникам полевой легкой, конной, тяжелой и местной артиллерии и войсковым старшинам ... / сост. кап. Дросси. - Полтава : Электр. тип. Г. И. Маркевича, 1905.

Справочная книга о лицах, получивших ... купеческие и промысловые свидетельства по г. Москве ... - Москва : тип. А.Н. Иванова, 1869-1916. - 24. Сост. : Василий Михайлович Бостанджогло; Гор. тип.

Справочник по северной Манчжурии и КВЖД - Харбин, издательство экономического бюро КВЖД, 1927.

Старосельская, Наталья Давидовна. Повседневная жизнь «Русского Китая» / Наталья Старосельская. - Москва : Молодая гвардия, 2006 (М. : Типография АО «Молодая гвардия»). (Живая история: повседневная жизнь человечества). ISBN 5-235-02801-5 (В пер.).

Тюнин, М.С.. Указатель периодических и повременных изданий, выходивших в г. Харбине на русском и других европейских языках на 1-е января 1927 г. / Труды общества изучения Маньчжурского края. Библиография Маньчжурии, вып. 3, 1927 г., с. 10 и 12.

Хисамутдинов, Амир Александрович. Русское слово в стране иероглифов : к истории эмигрантской печати, журналистики, библиотековедения и архивов. - Владивосток : Изд-во Дальневосточного ун-та, 2006. - (Дальневосточное книжное дело). ISBN 5-7444-1844-X с. 296-297.

Чен Лэй Ч.Л. 99.04.023 Литература русского Харбина и Шанхая в исследованиях китайских ученых.: Реферат диссертации.

Указатель собственных имен и географических названий

Михаил Петрович 11, 34, 42, 86, 91
Николай Владимирович 13, 20
Николай Петрович 13, 42
Павел Михайлович 11, 14, 21, 22, 83, 87
Петр Александрович 13, 30
Петр Владимирович 13, 20
Петр Иустинович 12, 19, 25, 84
Петр Михайлович 11, 33, 75, 84, 91
Петр Ростиславович 13, 42
Ростислав Александрович 13, 30, 42
Ростислав Эразмович 12, 24
Сверко Михайлов 14, 21
Сергей Борисович 12, 46
Сергей Иустинович 12,26
Сергей Петрович 13, 29
Сергей Эразмович 12, 23, 86, 89
Степан Иосифов 11, 16, 80, 88
Шимон(Симеон) сын Гаспера 11, 80, 87
Эдуард Константинович 13, 30, 81, 90
Эразм Иустинович 12, 19, 23
Юлий Владимирович 13, 27
Юрий Сергеевич 13, 41
Папулов
  Александр Николаевич 11, 43
  Константин Николаевич 11, 43
  Николай Яковлевич 11, 43
Тынкевич
  Александр Григорьевич 11, 35
  Валентина Васильевна 11, 44
  Валерий Генрихович 11, 45
  Генрих Александрович 11, 35
  Елена Генриховна 12, 45
  Ольга Валерьевна 11, 48
  Рахиль Александровна 12, 35, 45
Чичарова
  Маргарита Михайловна 11, 34, 68, 90

«●»